Reiner Meutsch präsentiert die schönsten Geschichten
aus seiner RPR Zwei-Sendung

D1734306

Mein Abenteuer

1

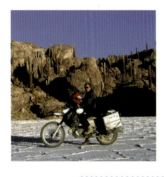

IMPRESSUM

Herausgeber:	**idee** media *GmbH Neuwied*
Gesamtkonzeption:	*Uwe Schöllkopf* *Reiner Meutsch*
Realisation und Verlag:	**idee** media*, Karbachstr. 22, 56567 Neuwied, www.idee-media.de* *Tel.: 02631/9996-0, Fax: 02631/9996-55*
Redaktion:	*Christian Koch, Uwe Schöllkopf*
Mitarbeit:	*Sandra Fischer, Annedorle Meutsch, Benedikt Schmidt, Barbara Schöllkopf*
Gestaltung/DTP:	*Elke Neuroth, Erika Sauermann*
Texte:	*Matto H. Barfuss, Renate Eulenbruch, Esther Gehann, Ariane Golpira,* *Wilfried Hahn, Georg Kirner, Harry Neumann, Manfred Schulze*
Fotos:	*Matto H. Barfuss, Renate Eulenbruch, Esther Gehann, Getty Images,* *Ariane Golpira, Wilfried Hahn, Georg Kirner, Harry Neumann,* *Detlef Röhrig, Uwe Schöllkopf, Manfred Schulze*
Druck:	*Druckerei Hachenburg GmbH*

Alle Angaben wurden nach bestem Wissen recherchiert und sorgfältig überprüft. Sollten sich dennoch Fehler eingeschlichen haben, bitten wir um Entschuldigung.

Die Deutsche Bibliothek - CIP- Einheitsaufnahme:
Meutsch, Reiner und Schöllkopf, Uwe: Mein Abenteuer – Band 1
ISBN 3-934342-97-3

Lebe Deine Träume! Ein Satz, leichter gesprochen, als getan. Und doch gibt es immer mehr Menschen von nebenan, die sich ihre Träume von Abenteuer und Freiheit erfüllen, die Abschied nehmen vom Alltag, die aussteigen auf Zeit, die die Welt kennen lernen und ihre Kulturen erkunden wollen. Von diesen Menschen erzählt seit vielen Jahren meine Sendung auf RPR Zwei – und jetzt auch dieses Buch.

Für Band 1 unserer neuen Buchreihe haben wir acht abgeschlossene Reportagen ausgewählt, die Sie rund um die Welt führen. Begleiten Sie den Bayern Georg Kirner auf seiner Tour durch die Wüste Thar, erfahren Sie, warum ein erfolgreiches Model Gold in Peru sucht und wie Geparden Freunde auf Samtpfoten werden können.

Freuen Sie sich auf spannende wie unterhaltsame Lektüre angereichert mit faszinierenden Fotos und zahlreichen Länderinfos. Finden Sie viele Anregungen und nützliche Informationen, falls Sie einmal selbst Ihre Träume leben möchten.

Viel Spaß beim Lesen wünscht

Ihr

Reiner Meutsch

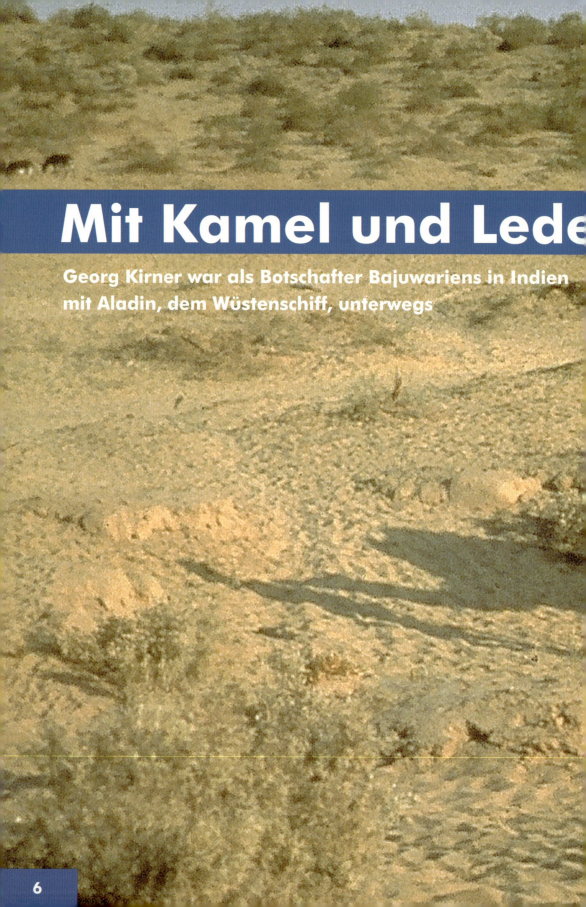

Mit Kamel und Lede

**Georg Kirner war als Botschafter Bajuwariens in Indien
mit Aladin, dem Wüstenschiff, unterwegs**

rhose

Wie kleidet sich ein abenteuerlustiger Bayer in Fernost, wenn er am Vorabend seines Aufbruches voller Schrecken feststellt: Das vorgesehene Safari-Outfit ist verschwunden – und der praktische Tropenhut seit der Auto-Inspektion nur noch ein ölverschmiertes Knäuel? Für „Schorsch" Kirner kein Weltuntergang. Er packte kurzerhand die Nationaltracht ein. Mit Wadlstrümpfen, kurzer schwarzer Lederhose, weißem Leinenhemd und dreieckigem Hut samt traditioneller Spielhahnfeder hieß es: Aufi nach Indien!

In diesem rustikalen Salongewand muss ich in den Augen der Einheimischen wie ein Paradiesvogel ausgesehen haben, als ich in Delhi inmitten der indischen Frauen mit ihren leuchtenden Seiden-Saris und der Männer mit ihren bunten Turbanen auf den Köpfen stand. „Very good", sagte der Zöllner, als er hörte, ich komme „from Bavaria". Schon jetzt und später noch viel öfter bereute ich meine auffällige Aufmachung für Indien, denn jeder, der mich so sah, wollte mehr von diesem sonderbaren Land Bayern wissen.

Nach langen, geduldigen Auskünften rettete ich mich in einen Bus und fuhr von Delhi Richtung Bikaner. Dort wollte ich zu meiner eigentlichen Reise starten. Ich beabsichtigte, auf dem alten Karawanenweg zu ziehen, der als Teil eines uralten Fernverkehrs einst Indien mit der Türkei und mit China verband. Ich hatte mir den Streckenabschnitt vorgenommen, der durch die Wüste Thar führte, im Dreieck der Flüsse Indus, Ganges und Narmada gelegen.

An dem Bus störte mich nicht so sehr das Gegacker der mitfahrenden Hühner und der Geruch der Ziegen. Eine Gänsehaut verschaffte mir vielmehr der Fahrer, der in den Kurven bergab statt in die Bremsen (die nicht mehr funktionierten) zu treten, sich auf den Schutz Allahs berief. Kurz vor Ratangarh verließ ich in einer Oase das Vehikel. Welch ein Anblick! Auf dem Mond konnte es kaum trostloser sein. Ich stand vor ein paar armseligen Lehmhütten, vor denen etwa 25 Kamele standen. Es war urzeitlich. Die Menschen aus der Zeit der Karawanserei hatten sicherlich nicht anders ausgesehen als die, die jetzt zögernd aus den Hütten traten. Durch einen Mann, der in der britischen Armee gedient hatte und englisch sprach, kam eine Verständigung in Gang. Anstatt mit klapprigen Autos weiterzureisen, wollte ich möglichst rasch ein Kamel kaufen, um so im Stil vergangener Karawanen weiterzuziehen. Bald musste ich einsehen, dass ich mein europäisches Zeitgefühl ablegen musste, denn von den Leuten in der Oase ging eine unerschütterliche Ruhe aus. Ein Kamel zu kaufen war ungefähr so schwierig, wie eines ihrer Kinder mitnehmen zu wollen, denn diese Tiere sind kostbarer Besitz für die Bewältigung des kargen Lebens. „Wer weiß denn, wie Du unser Kamel behandelst, wir kennen Dich noch gar nicht, kannst Du überhaupt mit einem Kamel umgehen?", unterbrach einer der alten Männer meinen ersten Kaufversuch.

So musste ich erst einmal schildern, woher ich kam. Als ich dann von meiner Heimat Deutschland berichtete, setzte ich wohl doch zuviel voraus, denn sie glaubten, Deutschland sei eine Oase. Als ich dann noch von Flugzeugen, Satelliten, U-Bahnen, aber auch von Eis und Schnee erzählte, erschienen ihnen meine Worte eher die eines Märchenerzählers. Sie beäugten mich misstrauisch, spotteten oder lachten über mich.

Vor allem konnten sie nicht verstehen, dass ich in meiner Oase kein einziges Kamel besaß. Ein Mann in meinem Alter musste in ihrem Verständnis unbedingt ein paar Kamele, eine Frau und ein paar Kinder haben, sonst war er kein ordentlicher Mensch, sondern ein Faulenzer oder einer, den man aus seiner Oase vertrieben hatte, weil er nicht in die Gemeinschaft passte. Als ich fortfuhr, dass man bei uns zu bestimmten Zeiten meist über das Wasser laufen kann, aber nach dem nächsten Neumond wieder nicht mehr, hatte ich mir endgültig jeden Rest von Sympathie verspielt. Ich konnte froh sein, dass sie mir für die Nacht einen Platz im Schafstall anboten, die Hoffnung auf ein Kamel musste ich in diesem Ort begraben.

Am anderen Morgen wollte ich mich nicht so einfach davon machen, und gab dem Stallbesitzer ein paar Rupien. Als er dabei das Geldbündel sah, das ich für den Kauf eines Kamels vorgesehen hatte, begannen seine Augen zu leuchten. Er rief drei junge Männer herbei und palaverte mit ihnen. Mehrmals hörte ich die Wörter Oth, das heißt Kamel, und Rupie. Meine Barschaft wirkte offenbar. Die drei brachten mich auf einem langen Fußmarsch zu einer Oase, wo ein Kamel feilgeboten wurde. Leider war es nicht mehr das Jüngste, und zu fressen hatte es wohl auch nicht zu viel bekommen. Ich machte den Handel trotzdem und war somit Besitzer eines Kamels. Max, so nannte ich mein Wüstenschiff, jammerte zum Steinerweichen, als ich ihn belud. Ich stieg ebenfalls auf und zog stolz

Steckbrief

Georg Kirner (65) verbrachte seine Kindheit bei seiner Großmutter, die als Sennerin im Sommer auf einer Alm arbeitete. Dort entwickelte er seine Liebe zur Natur und träumte davon, in ferne Länder zu reisen.
Vor seinen Reisen lernte er die jeweilige Landessprache und machte sich mit der Mentalität der Menschen vertraut.
Während seiner 40-jährigen Expeditions-Tätigkeit hat er viele interessante Kulturen kennen- und schätzen gelernt, im Laufe der Jahre aber auch bemerkt, wie kulturelle Minderheiten auf der ganzen Welt verdrängt werden. Georg Kirner kaufte im Laufe der Jahre insgesamt rund 20000 km^2 Land in diesen Regionen, auf dem die Minderheiten leben. Das Geld dafür nahm er zum Großteil aus dem Erlös seiner Dia-Vorträge und aus dem Verkauf seiner Bücher und sonstigen Veröffentlichungen. Für seinen Einsatz bekam er das Bundesverdienstkreuz am Bande, die Große Verdienstmedaille des Bayerischen Senats, eine hohe Auszeichnung des Dalai Lama und eine Auszeichnung vom König von Nepal.

wie ein Rajpute (Nachfahre der Steppenreiter) aus der Oase hinaus. Aber Max war schlau. Plötzlich buckelte er und sprang auf allen Vieren mit einer Kraft in die Höhe, die ich ihm niemals zugetraut hätte. Schwupps, landete ich im Sand. Da saß der „bayerische Botschafter" am Boden, der warme Sand kitzelte am Oberschenkel. Max hatte mir unmissverständlich klar gemacht, dass er nicht daran dachte, mich weiterhin auf seinem Rücken zu dulden. Vermutlich hatte er meine Unerfahrenheit mit seinesgleichen gemerkt und spielte jetzt seine Überlegenheit aus.

Der Klügere gibt nach, dachte ich gleichmütig. Ich nahm das Kamel ans Halfterband, und friedlich trotteten wir beide dahin. Die Spur bog von westlicher allmählich in südlicher Richtung ab. Sie war so angelegt, dass man bei normaler Marschgeschwindigkeit jeden Abend eine bewohnte Oase erreichte. Meine etwas auffällige Aufmachung ging in dem Durcheinander von oft mehreren hundert Kamelen, Schafen und Ziegen an den Wasserstellen unter. So blieb mir genügend Muße, die Tage in völliger Entspannung zu verbringen. Auf diesen alten Wegen ziehen die Herden das ganze Jahr hindurch. Ihre Routen teilen sie so ein, dass sie im November zur Vollmondzeit in Pushkar beim Vollmondfest Kartika Pumina sind. In dem Ort gibt es nicht nur einen der größten Kamelmärkte Indiens. Wer in dem nahegelegenen, dem Gott Brahma zu verdankenden See zu dieser Zeit badet, wäscht alle seine Sünden ab.

Mein Kamel Max erschien den erfahrenen Männern an der nächsten Oase zu schwach, nachdem sie von meinem mehrere hundert Kilometer entfernten Ziel hörten. Sie waren bereit, gegen einen Aufpreis das Kamel auszutauschen. So bekam ich Aladin, ein jüngeres und recht starkes Kamel. Vor meinem Aufbruch wurde es zeremoniell getauft. Der Verkäufer kam mit einer Schale Kamelmilch, hieß das Kamel sich niederzulassen und schüttete ihm unter Gebeten die Hälfte davon über den Kopf. Den Rest der Milch musste ich trinken. Dann zog ich mit Aladin weiter. Das nächtliche Bild, wenn Mensch und Tier lagerten, war jedesmal wie ein Traum. Die Männer hockten um ein wärmendes Feuer in der Nähe des Brunnens, im Hintergrund grummelten die mondbeschienenen Kamele. In den Erzählungen kamen oft die Erinnerungen an die glorreichen Zeiten der Rajputen vor. Damals gab es für sie noch nicht die Konkurrenz der Lkw, und sie hatten genug zu tun, mit ihren Kamelen die Hirse, den Weizen und die Gerste in die verschiedenen Oasen zu bringen.

Die Erinnerungen an diese Begegnungen ist heute noch lebendig in mir. Vor allem habe ich Vorurteile abgelegt und gleichzeitig Gütiges über dieses Land und seine Menschen mitbekommen. Die Rajputen haben ein freundliches Lächeln im Gesicht, das meist noch von ihren schönen braunen Augen überstrahlt wird. Diese Antlitze waren voller Ausdruckskraft, ich konnte mich nicht an ihnen satt sehen. Alle haben eine angeborene Grazie in den Bewegungen, geschmeidig und ohne Hektik. Eine Strukturbeschreibung Rajastans würde davon sprechen, dass das Land immer noch krankt: an mangelnden Transportmitteln, fehlenden Lager- und Kühlmöglichkeiten für Lebensmittel. Die künstliche Bewässerung der Felder hat kaum begonnen, gedüngt wird nicht. Die riesige Viehwirtschaft ist unrentabel, weil fast alle Rajputen aus religiösen Gründen kein Fleisch essen. Maschinen für Straßenbau gibt es kaum. Selbst der Spaten wird durch die menschliche Hand ersetzt. Darum also die steinzeitliche Primitivität um mich herum. Aber warum bin ich wohlstandsverwöhnter Europäer dann doch so fasziniert von diesem Land und diesem Leben? Vielleicht bin ich unwillkürlich davon berührt, dass jedem Rajputen eine gewisse Geistigkeit eigen ist, er

Majestätischer Anblick: Ein typischer Rajput mit kunstvoll geflochtenem Turban.

kann sich vertiefen, entrücken. Ich habe davon gelesen und ich bemühe mich, sie nachzuvollziehen, aber es gelingt mir nicht. Dafür höre ich umso intensiver zu, wenn der Karawanenbegleiter von der uralten Kulturgeschichte des Landes erzählt. Ich lausche deshalb so aufmerksam, weil diese Rajputen sich in Gestalt und Aussehen sehr von den Indern unterscheiden. Es sind markante, große und kräftige Typen, die von innerasiatischen Steppenreitern aus Pakistan, Afghanistan oder dem Iran abstammen. Ihr meist hochgezwirbelter Schnurrbart, der volle Backenbart und ihre kunstvoll geflochtenen Turbane in leuchtenden Farben geben ihnen ein majestätisches Aussehen. Sie nannten sich einst Aryas (Arier), was grob als „Edle" zu verstehen ist. Die Tragetiere waren seit Menschengedenken die Basis ihrer Existenz.

Drangvolle Enge in den Gassen von Jaisalmer.

Neben Getreide transportierten sie hauptsächlich Zucker, Salz, Gewürze, Safran aus Kashmir, Seide, Wolle, Parfüm, Edelsteine, Silber – und Opium. Alles zusammen bescherte ihnen einen gewissen Wohlstand in ihren sonst kargen Wüstenheimat. Großartige Bauten und Festungswerke zeugen davon.

... mehr noch als den Sternen vertraute ich den vielen Karawanenspuren ...

Eine Weile zog ich mit einer großen Karawane, dann trennten sich unsere Wege. Ohne jedes Hilfsmittel marschierte ich weiter, nur auf die Orientierung anhand des Himmelsgestirns angewiesen. Mehr noch als den Sternen vertraute ich den vielen Karawanenspuren, die in Richtung des nächsten Zieles Jaisalmer wiesen. Bald hatte ich mich den Bedingungen der Wüste angepasst; aus moderner europäischer Zivilisationssicht betrachtet, war es jedoch eher ein dauerndes Überlebenstraining. Ich fügte mich so ein, dass ich bald Briefe von Oase zu Oase mitnehmen konnte, denn die Postversorgung funktioniert dort auch heute nur so. Die Zeit vergaß ich im Laufe der Wochen derart, dass ich statt der vorgesehenen zehn Tage knapp einen Monat bis zu meinem Ziel brauchte. Täglich nahmen mich die Begegnungen und Erlebnisse links und rechts des Weges neu gefangen. Töpfernde Männer und Frauen z. B. fertigen in den Oasen mit primitivsten Mitteln wahre Kunstwerke. Der „Bürgermeister" in der kleinen Siedlung Marek hieß Indarsingh und sprach leidlich englisch, weil er in den Zeiten, da Großbritannien in jenen

Regionen Krieg führte, den Truppen als Kameleinkäufer behilflich war. Indarsingh war wieder ganz in den Lebenskreis seiner Rasse zurückgefallen. Er weihte mich nicht nur in die Geheimnisse des kunstvollen Töpferhandwerks ein, sondern war auch sehr gastfreundlich und versorgte mein Kamel gut.

Sein einziges Werkzeug zum Töpfern war eine runde Steinscheibe mit einer Kerbe am Rand. Sie war der Druckpunkt für einen Stock, mit dem er die Scheibe zum Rotieren brachte. Fix formte er aus einem Tonklumpen einen Krug, den eine Gehilfin mit einem Federkiel mit Pflanzen- und Erdfarben einfach, aber schwungvoll-präzise dekorierte. In einem Holzofen wurde der Krug schließlich gebrannt. Das Holz dafür wurde von Karawanen gebracht. Weil diese Menschen keine Schreib- und Lesekultur kennen und die modernen Kommunikationsmittel ebenfalls fehlen, steht das Erzählen hoch im Kurs. In der Erinnerung an meinen Reinfall in der früheren Oase berichtete ich jetzt nicht mehr von westlicher Zivilisation mit U-Bahn, Flugzeugen usw., sondern ich passte mich an und beeindruckte mit Schilderungen über meine – fiktiven – Kamelherden und tiefen Brunnen voll süßen Wassers in der „Oase Deutschland". Jetzt stieg ich in der Achtung. Die Zeit verstrich, und ich hatte noch nicht einmal die Hälfte der gesamten Reisestrecke zurückgelegt. Die Hüttenbewohner verstanden freilich nicht, warum ich plötzlich, ohne für sie einleuchtenden Grund, weiterziehen wollte. Ich ersparte mir Erklärungen, denn mit einem begrenzten Tarifurlaub plus ein paar Freizeit-Tagen hätten sie doch nichts anzufangen gewusst. Einige Dutzend Bewohner begleiteten mich noch ein Stück, dann war ich wieder allein. Allein auch in der Hoffnung auf die richtige Marschroute, denn auf der nächsten dreitägigen Teilstrecke gab es nur einen einzigen Brunnen.

So orientierte ich mich an Tamarisken (Bäume), an einem vom Sand fast verwehten alten Fort, an Kamelspuren, meinem Kompass und am Gestirn. Am dritten Abend baute ich mein Zelt neben dem Friedhof unweit des Fort Jaisalmer auf. Nicht der geringste Laut unterbrach die Stille, die sich in der glutrot untergehenden Sonne von den Ruinen verabschiedete. Zeit und Raum verschwammen im Nichts. War hier ein Stück Ewigkeit? Gab es wirklich kein Leben mehr in dieser Einöde oder waren die Sandschichten nur ein Schleier, mit dem die Götter das verdeckten, was zum Schutz gegen Eindringlinge erbaut wurde und das so wieder erstehen sollte, wie es für die Menschen gut war und Frieden brachte? Am Morgen entdeckte ich, dass es im Fort und im weiteren Bannkreis Leben wie seit hunderten von Jahren gab. Kamelkarawanen brachten und holten Waren wie eh und je, in den Gassen trotteten die heiligen Kühe, sie zupften und knabberten an dem Gemüse und den Früchten auf den Wagen und wurden zwar nachdrücklich, aber doch ehrfurchtsvoll weggedrängt. Die Geschichte von Jaisalmer begann 1156 durch Rao Jaisal, den Gründer.

Das Fort erhebt sich auf einem 76 Meter hohen Hügel über den Behausungen. Eine zwei bis drei Meter breite und bis zu sechs Meter hohe Mauer mit wunderschön gestalteten Ecken und Ecktürmen umgibt die Anlage. Ein Überbleibsel aus 1001 Nacht schien sie mir. Nichts war verändert, manches ist jedoch vom Wetter abgeschliffen und bröckelig geworden in den mehr als acht Jahrhunderten. Auf einmal wurden es immer mehr lärmende Menschen, und als dann auch noch Personenwagen hupten und Lastwagen dröhnten, sehnte ich mich zurück in die Einsamkeit der Wüste. Die Motorisierung des Landes kommt nur sehr schleppend in Gang, weil die Straßen fehlen. Die Kamel-Karawansereien verlieren immer mehr an Bedeutung. Der Schmied gefiel mir da schon besser. Er hämmerte Feldbearbeitungsgeräte. Um die erforderliche Feuerglut zu erreichen,

Bayerische Geschichten:
In einer Oase wird
Georg Kirner von
Einheimischen umringt
und muss erzählen, wie
es im Süden
Deutschlands zugeht.

drehte die Ehefrau prustend im stickigen Rauch ein Vorderrad eines Fahrrades, über dem sich eine Art Riemen spannte, der zum Blasebalg führte. Auf der Suche nach einem Unterschlupf in der Hitze kam ich zu den Wohnhäusern berühmter früherer Kaufleute. „Haveli" heißen die Gebäude heute nach ihren Erbauern Patva Haveli. Sie waren nicht nur reiche Finanziers, sondern auch angesehene Opium-Exporteure. Bereits ums Jahr 1800 standen sie mit rund 300 Städten in Indien, Afghanistan und China in Handelsverbindungen. Jaisalmer florierte damals als wichtiger Umschlagplatz für zahlreiche Karawanen.

... das prachtvollste Haveli gehörte einem Schmuggler ...

Die Havelis sind wahre Wunder an Steinmetzkunst. Unschwer kann man die Stilrichtungen der Künstler aus den verschiedenen Ländern erkennen. In einem heute unvorstellbaren Aufwand sind die Mauern gebaut, die Erker, Terrassen mit steinernen Elefantenrüsseln als hinduistische Schmuckelemente darüber, mit Torbögen, Veranden, Säulen, Gittern und durchbrochenen Fensterflächen gestaltet. Das prachtvollste Haveli gehörte einem Schmuggler. Man glaubt eher an Holzschnitzerei als an Bildhauerei – so fein sind die Details des Hauses gearbeitet. Große und gut erhaltene Wandmalereien schmücken die Innenwände, Lampenständer für Öl, Nischen, Wasserbehälter, Brunnen und handgeschnitzte Türen, Einlegearbeiten aus Gold und Silber verbreiten heute noch den Hauch unermesslichen Luxus. Inzwischen hat das einst durch Zollerhebung reich gewordene Jaisalmer seine Bedeutung eingebüßt. Mit der Verlagerung des indischen Europahandels auf dem Seeweg wanderten die reichen Kaufleute ab. Endgültig ins Abseits geriet die Stadt durch die Grenzziehung zwischen Indien und Pakistan im Jahre 1947 und deren Abriegelung. Der einzige Vorteil liegt darin, dass sich Jaisalmer durch die jetzige Abgeschiedenheit seinen Charakter als historische Festungsstadt bewahrt hat.

Neben dem ehemaligen Schmuggler-Palast fand ich ein kleineres Hotel. Während mein Vierbeiner Aladin unglaubliche Mengen an Wasser trank, lechzte ich nach vier Wochen Wüstenmarsch nach einer ordentlichen Dusche. Aber die gab es wohl nur in der „Oase Deutschland"...

Eigentlich wäre hier meine Reise zu Ende gewesen. Als „bayerischer Botschafter" hatte ich die Wüste Thar durchquert. Von Aladin wollte ich mich trennen. Ich wollte ihn verkaufen und kam auf einem Bummel durch die Stadt zum Geistertor Bhootra Prol, von dem die Sage geht, dass in Vollmondnächten heute noch die getöteten Soldaten marschieren und die guten Menschen deren Schritte und Wehklagen vernehmen. In der Nähe des Tores feilschten eine Reihe Männer um Kamele. Sie waren vor kurzem aus Jaipur gekommen und hatten Teppiche transportiert. Einer der Kameltreiber erzählte vom ehemaligen Fürstentum Shekhavati, durch das in grauer Vorzeit schon eine alte Karawanenstraße geführt hatte: „Die tüchtigen Händler von Shekhavati sammelten im Laufe der Jahrhunderte ungeheure Reichtümer an. Um zu zeigen, wie vermögend sie waren, ließen sie ihre Häuser üppig mit Fresken bemalen. Durch diesen Wetteifer ist Shekhavati ein einzigartiges kulturgeschichtliches Kleinod geworden." Weil ich noch etwa zwei Wochen zur Verfügung hatte, verschob ich meine Abreise kurzerhand, belud Aladin wieder und zog in östlicher Richtung mit ungefährem Ziel Jaipur weiter. Es war dunkle Nacht, als ich Jaisalmer verließ und mit Hilfe der Sterne den Weg suchte. Jedes Mal, wenn Aladin mich mit seinen klugen Augen ansah, glaubte ich die Frage darin zu sehen, wer von uns beiden wohl das größere Kamel sei. Von

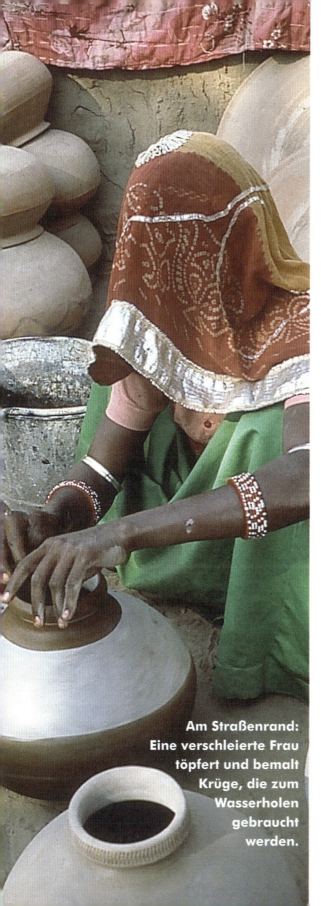

**Am Straßenrand:
Eine verschleierte Frau
töpfert und bemalt
Krüge, die zum
Wasserholen
gebraucht
werden.**

Oase zu Oase erkundigte ich mich weiter. Jedes Mal musste ich erzählen. Die Zahl der Frauen, Kinder und der Kamele, die ich zu Hause besaß, wurde in meinen Darstellungen jedes Mal größer. Aber niemand fragte mehr ungläubig, alle nickten respektvoll mit dem Kopf und murmelten „tige" – gut.

Wo die Route die Bahnlinie von Jaisalmer nach Jodpur berührte, prangten bereits die unschönen Zeichen der Zivilisation. An vielen Stellen, vor allem an den Brunnen, verschandelten Plastikbehälter die herbe Schönheit der Wüste. Je größer allmählich die Siedlungen wurden, umso unpersönlicher benahmen sich die Menschen. Nur wenige trugen noch ihre ursprüngliche Kleidung, viele liefen in Jeans herum, fuhren Moped, und für alles musste ich bezahlen, beim Wasser angefangen. Am elften Tag, und zuletzt 22 Stunden fast ohne Pause auf den Beinen, erreichte ich das Städtchen Mandawa im einstigen Fürstentum Shekhavati. Der „bayerische Botschafter" war körperlich und nervlich am Ende. In einem kuhstallähnlichen, verdreckten Gehäuse mit einem überriechenden Schlafgestell darin, schlief ich völlig erschöpft ein. Aber bereits nach einer halben Stunde war meine Ruhe zum ersten Male in diesem „Hotel" zu Ende. Irgendein Beamter wollte meinen Pass sehen. Nach der dritten Belästigung polterte ich an den „Empfang" und schimpfte laut über die Unverschämtheiten des Hauses, entriss dem herumstehenden Beamten meinen Pass und wollte weg. Da – einer Fata Morgana gleich – zog der „Hotel"-Besitzer eine Dose Cola und eine Tüte mit einem herrlichen Sandwich hervor. Solche Überraschungen gehören eben auch zu den Eigentümlichkeiten des Orients. Dankbar nahm ich das Geschenk an und verschlang Brot und Cola. Nach den entbehrungsreichen Wochen schmeckte es himmlisch.

Auf Bitten des Herbergseigentümers blieb ich dann doch und erlebte am Tag darauf eine seltene Zeremonie. Zwei junge Leute heirateten nach uraltem Fürstenbrauch in einem der malereiverzierten alten Handelshäuser. Nach den ermüdenden, endlosen Märschen ohne richtiges Essen und der damit verbundenen Nervosität an den Tagen zuvor, ließ ich mich gern von der geheimnisvollen Atmosphäre des Hochzeitsfestes und den speziell dafür aufpolierten Resten früheren Reichtums einschließlich des Hauses gefangen nehmen. Ich vertiefte mich in die Fresken an den Wänden, deren Motive und Ausführungen aus verschiedenen Kulturbereichen und -epochen stammen, vor allem aus China, Persien und Afghanistan. Die dabei angewandte Technik ähnelt stark der im 14. Jahrhundert in Italien entwickelten. Die Bilder sind recht großflächig und machen einen etwas groben bzw. unfertigen Eindruck. Der Grund liegt darin, dass die Künstler für diese Freskotechnik, in der auf nassen Gips gemalt wird, wegen des trockenen Klimas sehr schnell arbeiten mussten. Unübersehbar waren daher die Unterschiede zu den Trockenfresken aus dem Ende des 19. Jahrhunderts, als die synthetischen Farben auch in diesem Gebiet schon bekannt waren. Die Motive sind mystisch-religiöse Darstellungen und zeigen häufig den Gott Krishna als den Erlösergott der breiten Volksmassen; Liebe und Hingabe an ihn gewähren die Befreiung aus irdischer Mühsal. Je länger ich in der Stadt umherstreifte, desto mehr überwältigte mich die Pracht der alten Adels- und Patrizierpaläste. Ihr Zweck ist heute noch deutlich: Sie sollten nicht nur die Großfamilien aufnehmen, sondern vor allem den Wohlstand zur Schau stel-

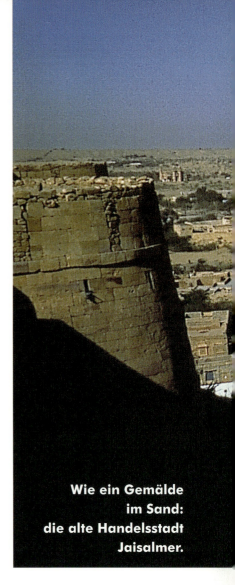

Wie ein Gemälde im Sand: die alte Handelsstadt Jaisalmer.

len. Sie waren von zwei Gärten umgeben, einem äußeren für die Männer und einem inneren für die Frauen, der sie den Blicken Außenstehender entzog. Riesige, mit kunstvollen Schnitzereien und Eisenbeschlägen verzierte Holztüren führen in die Paläste.

Aus der Nähe hörte ich Trommelgedröhn und Geigenmusik. Eine verschleierte Frau sang melancholisch dazu. Die vier Gestalten waren musikalische Nomaden, die das ganze Jahr über durch die Orte ziehen und den lese- und schreibunkundigen Bewohnern Balladen darbieten. Jetzt waren sie zur Untermalung der Hochzeitsfeier da. Ihr Lied verherrlichte den Mann als Held, der sich eine schöne Frau, ein Muster an Tugend und Unterwürfigkeit, erkoren hat. Auch die Eltern und Vorfahren wurden besungen. Plötzlich ritt ein junger, verschleierter Mann auf einem Pferd in die schon wartende Menge. Seine Freunde begrüßten ihn lautstark und behängten ihn am ganzen Körper mit Geldscheinen. Sein Pferd banden sie direkt neben mein Kamel, das ich in der Nähe angebunden hatte. Der verschleierte junge Mann war der Bräutigam. Er ging zu den Eltern der Braut, um das so genannte Stirnmal und den Segen zu empfangen. Nun öffneten sich die Tore des alten Haveli-Palastes, und der künftige Ehemann wurde in den einstigen Zeremonienraum geführt. Nach

altem Brauch und Sitte nahm er Abschied von seinen bisherigen Freunden und setzte sich auf einen blumengeschmückten und mit Schnitzereien verzierten Stuhl. Ein Astrologe, der den günstigsten Tag und die Stunde im Jahr für die Eheschließung errechnet hatte, erteilte dem Bräutigam mit leisen Worten Ratschläge für den neuen Lebensabschnitt. Mit dem neuerlichen Einsetzen der Musik erschien die Braut. In der andächtigen Stille trat das Mädchen ein, wunderschön gekleidet und geschmückt, begleitet von den Eltern und Freundinnen. Ein Guru betete für das Glück des Brautpaares. Die Brautleute tauschten zur gegenseitigen Begrüßung Blumengirlanden aus. Dann setzten sie sich, der Bräutigam vorerst auf die rechte Seite der Braut. Nach den Gebeten holte der Guru einige Speisen hervor, die er segnete und dem werdenden Ehemann als Symbole von Kraft und Weisheit zu essen gab. Am Schmuck der Braut wie am ganzen zur Schau gestellten Pomp war zu erkennen, dass die Hochzeiten heute wie früher als Gradmesser für das gesellschaftliche Ansehen der Familien gelten. Vor allem die Dekoration der Braut repräsentierte hier den Rang der Sippe. Jeder einzelne Finger ihrer Hände war von goldenen Lotosblüten umflochten. Auf den Handrücken glänzten ebenfalls goldene Gewirke, mit kleinen Kettchen als Verbindung zum Fingerschmuck. Der Eindruck des feingeschnittenen Gesichts des Mädchens, das als Gewand einen farbenfrohen Sari aus feinster Seide trug, wurde durch ein herrliches Geschmeide über den Augenbrauen vervollständigt.

... das Brautpaar umschritt sieben Mal das Heilige Feuer ...

Nach weiteren Gebeten des Guru und des Astrologen wurde ein Heiliges Feuer aus dem besonderen Mangoholz entzündet. Das Volk der Rajputen hängt der Hindu-Religion an, bei der Feuer seit Urzeiten als von den Göttern gesegnet gilt. Die Flammen symbolisieren die Götter in der – die kosmische Ordnung – bewahrenden Sonne, die verzehrende Glut führt die Seele zurück zur reinen Geistigkeit. Die Hindus glauben, dass das alte Weltall des Makro-Kosmos zu Asche zerfällt und aus dem Ozean wiederersteht. So wird auch der Mikro-Kosmos, das heißt, der Mensch durch Feuer und Wasser zu neuem Leben verwandelt. Aus diesem Grunde wird die Asche von Verstorbenen in die heiligen Gewässer, z. B. den Gan-ges, gestreut. Die vornehmen Rajputen leiten ihre Sonderstellung von dem Glauben ab, dass ihre Dynastien dem Heiligen Feuer entstammen und nicht von sterblichen Frauen geboren wurden. Die Zeremonie näherte sich jetzt ihrem Höhepunkt. Das Brautpaar umschritt sieben Mal das Heilige Feuer. Unter Gebeten goss der Guru geweihtes Wasser in die Glut und knüpfte gleichzeitig zwei Fäden von Braut zu Bräutigam. Damit war das Bündnis fürs Leben vorerst besiegelt. Der junge Mann fragte nun das Mädchen, ob sie die Seine werden wolle. Als Antwort bat sie ihn um die sieben Versprechen vor dem endgültigen Bund. Der Bräutigam warf daraufhin einige Reiskörner in das Heilige Feuer und murmelte ein paar Gebete. Als er diese beendet hatte, bat er seine Braut, ihm die sieben Versprechen abzunehmen. Mit gesenkter Stimme stellte die Braut dann ihre Fragen: „Wirst du keine andere Frau neben mir haben und dich nur um mich kümmern und wirst du mir die Fehler, die ich mache, noch vor Sonnenuntergang verzeihen? Wirst du meine Eltern genauso respektieren, als wenn es deine wären? Wirst du all dein Geld und deinen Besitz mit mir teilen und mir niemals vorhalten, dass ich eventuell weniger in die Ehe mitgebracht habe? Sollte es einmal Schwierigkeiten oder Meinungsverschiedenheiten geben, so werden wir nie in der Öffentlichkeit darüber sprechen, sondern nur wir zwei in unserem Schlafraum ohne Zuhörer. Alle Geschenke die du mir machst, sollen ehrlich gemeint sein und von Herzen kommen, denn nur dann werde ich echte Freude daran haben. Sollte es in der Familie Freude geben, so werden wir sie teilen, nicht aber die bösen und schlechten Sachen. Versuche also bitte alles Böse von uns fernzuhalten. Deine Freunde werden meine Freunde sein, deine Feinde werden aber auch meine Feinde sein. Nimmst du von nun an auch die Gesetzte und Gebote meiner Kaste an?" (Die Kaste der Frau ist von der Eheschließung an auch die Kaste des Mannes.)

Nach all diesen Fragen wurde die Braut vom Bräutigam gefragt, ob auch sie all seine Familienmitglieder akzeptieren und respektieren werde. Beide Brautleute gingen je auf die Forderungen des anderen ein. Sie erhoben sich und gingen betend um das Feuer herum, währenddessen der Guru weitere Gebete sang. Sobald sie verklungen waren, gaben die Brautleute einander das Versprechen, die Forderungen des anderen einzuhalten. Dann setzten sie sich wieder auf die Stühle, diesmal aber der Bräutigam links von der Braut, also auf ihrer Herzseite. Jetzt kam der Höhepunkt und die eigentliche Eheschließung. Der Guru holte mit seinem Siegelring rote Farbe aus einem Behältnis und streute sie auf den Scheitel der Braut. Damit konnten alle Leute sehen, dass diese Frau verheiratet ist und ihr Mann noch lebt. Dieses Zeichen solle sie von da an immer tragen. Zum Schluss sangen alle

Herausgeputzt: Eine nach altem Brauch geschmückte Braut.

Anwesenden ein Lied und dankten den Göttern.

Dann begann eine ausgiebige Gratulationscour. Die Braut erwachte wie aus einer Trance und wurde sich allmählich bewusst, dass sie jetzt eine verheiratete Frau und Eigentum des Mannes war. Beim Abschied der Eltern brach sie in Tränen aus und verließ den Raum. Dann traf man sich im Nebenraum zu einem festlichen Schmaus. Da ich kein offizieller Gast war, entfernte ich mich. Ich hatte eine Feier erlebt, wie sie eindrucksvoller nicht hätte sein können. Ich hatte in die Seele, den Geist und Religion dieses Volkes hineinblicken dürfen. So war ich wieder einmal auf eine fremdartige Besonderheit von Völkern und Ländern gestoßen, deren Geheimnisse nicht zuletzt durch den oberflächlichen, ehrfurchtslosen Geist unserer Zeit immer mehr verschwinden. Draußen neben meinem Kamel hockten viele Arme, die darauf warteten, vom üppigen Hochzeitsmahl etwas zu erhaschen. Die Feiernden blieben bis zum nächsten Morgen zusammen.

Allmählich musste ich die mir noch verbleibenden Tage zählen. Das Kamel zog ich am Strick weiter und erreichte Dank der inzwischen bewährten Orientierung und durch Fragen die Orte Nawalgarh, Dundlod, Mukungar, Mandawa, Pillani und Sikar. Überall bot sich das gleiche Bild: herrliche alte Havelis, aber schon dem Verfall preisgegeben; auf der anderen Seite die Nachfahren dieser alten Rasse, die in armseligen Hütten um ihr tägliches Brot kämpften. In dem außerordentlich unübersichtlichen Vielvölkerstaat Indien mit seinen Hunderten von Religionen kommt von den Bemühungen der Regierung um eine moderne Infrastruktur in diesem Gebiet offensichtlich nicht viel an. Zwar rattern Geländewagen mit Waren aus China und Korea bis in die entferntesten Winkel, aber ein Aufbau wird dadurch nicht erreicht. Ich wanderte weiter und kam nach Bikaner. Dort musste ich feststellen, dass der insgesamt fast zweimonatige Marsch durch rund 600 Kilometer Wüste mich ausgelaugt hatte. Auch Aladin, das Kamel, wirkte übermüdet. So kam es mir während eines Einkaufes gar nicht so ungelegen, dass mich hier wieder viele Leute neugierig umstanden und nach meinem Woher und Wohin fragten. Als ich ihnen sagte, dass

ich nicht mehr viele Tage weiterziehen werde und versuchen müsse, meinen treuen Begleiter an gute Menschen zu verkaufen, sprach mich ein symphatischer älterer Mann an und bot mir einen guten Preis. Er versprach, dass es Aladin bei ihm gut haben werde, und er lud uns beide in sein Haus ein. Es war sehr gepflegt und musste früher ein Herrschaftshaus gewesen sein. Ich war überzeugt, dass es mein treues Kamel hier bestimmt gut haben werde und ging somit auf den Handel ein, der bei einer guten Tasse Tee „gefeiert" wurde. Dann nahm ich etwas wehmütig von meinem treuen Begleiter Aladin Abschied.

Als ich nach kurzer Zeit zu Hause wieder im Alltag stand, kam mir so stark wie kaum nach einer anderen exotischen Reise ins Bewusstsein, wie sehr unser Dasein manipuliert ist. Jetzt erst merkte ich, wie mich die Wüste Thar und die Auseinandersetzung mit ihren urzeitlichen Bedingungen geprägt hatte. Ihre Bewohner beneide ich um die Fähigkeit zur Meditation, zum Versenken in sich selbst. Jeder lebt nach seinem „Karma". „Karma" heißt „Tat" und ist die Summe des geistigen wie des physischen Verhaltens auf der Erde. Man kann warten – auf das Leben und auf den Tod und erhofft einen höheren Zustand des Lebens. Was man in diesem Leben nicht schafft, erreicht man im nächsten. In Indien hat man Zeit. ▌

Zwei Kulturen treffen aufeinander: der Bayer und sein orientalisches Wüstenschiff. O-Ton Kirner: „Sauf nur, heut´ kostet es nichts."

Geografie: *Indien grenzt im Nordwesten an Pakistan, im Norden an China, Nepal und Bhutan und im Osten an Bangladesch und Myanmar. Die Westküste des riesigen Subkontinents liegt am Arabischen Meer, die Ostküste am Golf von Bengalen, und im Süden liegt der Indische Ozean. Sri Lanka liegt südöstlich von Indien, die Malediven liegen in südwestlicher Richtung im Indischen Ozean. Die nordöstlichsten indischen Bundesstaaten und Hoheitsgebiete sind durch einen Landstreifen mit der Hauptmasse Indiens verbunden. Das Land lässt sich grob in drei Regionen aufteilen: das Himalaya-Gebirge, das mit einer Länge von 3500 Kilometer die Nord- und Ostgrenze Indiens bildet, das Flussnetz und -delta des Ganges, das den ganzen Norden durchzieht, und das im Süden anschließende Hochland des Dekhan mit den Randgebirgszügen der Westlichen und Östlichen Ghats. Fläche: 3 287 365 km²; Bevölkerungszahl: etwa 980 000 000; Hauptstadt: Neu-Delhi.*

Klima: *Heiß und tropisch mit regionalen Unterschieden. Kühler von November bis Mitte März. Heißeste Zeit zwischen April und Juni. Monsun in den meisten Regionen im Sommer zwischen Juni und September.*

Botschaft/Touristeninfo: *Botschaft der Bundesrepublik Deutschland, PO Box 613, New Delhi 110001.*
Tel.: 0091-11-687 18 31/37; Fax: 0091-11-687 31 17.
E-Mail: german@del3.vsnl.net.in
Internet: www.germanembassy-india.org

Government of India Tourist Office (GITO), 88 Janpath, New Delhi 110 001; Tel.: 0091-11-33 20 342, 332 00 05/08, Tel./Fax: 0091-11-332 01 09.
E-Mail: goitodelhi@tourism.nic.in

> **Tipp**
>
> *Georg Kirner ist bekannt für seine Dia-Vorträge, unter anderem auch zu folgenden Themen: „Bei den Buschmännern in der Kalahari-Wüste", „Bei den Höhlenbewohnern in Borneo", und „Mit dem Mountain-Bike durch Südamerika".*

Währung: *Rupie*
Banknoten im Wert von ein und zwei Rupien und Münzen zu fünf Paisen werden nicht mehr hergestellt, sind jedoch noch vielfach im Umlauf. Der Umtausch darf nur bei Banken oder offiziellen Wechselstuben erfolgen. Man sollte beim Geldumtausch darauf achten, keine beschädigten Geldscheine zu bekommen, da unter Umständen die Annahme verweigert wird. Bargeld in US-Dollar oder Euro ist am einfachsten zu wechseln.

Einreise: *Reisepass und Visum sind allgemein erforderlich, wobei der Reisepass noch mindestens sechs Monate gültig sein muss.*

Allgemeine Infos: *In Indien grüßt man sich bei formellen Anlässen mit gefalteten Händen, über die der Kopf gebeugt wird, und sagt Namaste. Für indische Frauen ist es unziemlich, die Hand zum Gruß zu geben. Als Zeichen des Respekts berührt man die Füße älterer Leute zur Begrüßung. Beim Betreten heiliger Stätten wird man gebeten, die Schuhe auszuziehen. Die meisten Inder ziehen auch vor dem Betreten ihrer Häuser die Schuhe aus. In den meisten*

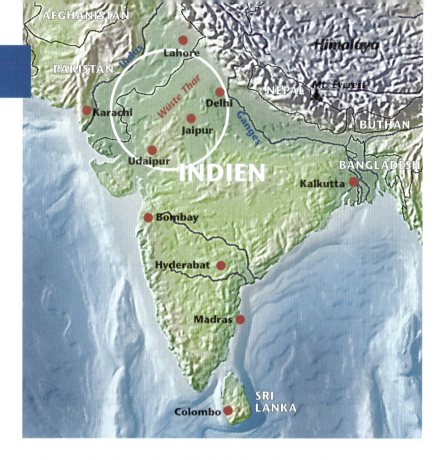

Gegenden isst man mit der Hand, dabei wird ausschließlich die rechte Hand benutzt. Kleine Geschenke als Anerkennung der gebotenen Gastlichkeit sind angebracht. Frauen sollten sich dezent kleiden, kurze oder sehr enge Kleider vermeiden – sie rufen nur unwillkommene Beachtung hervor. Brücken und militärische Einrichtungen darf man nicht fotografieren, auch auf Bahnhöfen sind Kameras offiziell nicht gern gesehen.

Sehenswürdigkeiten: Indien ist ein Land mit einer abwechslungsreichen und bewegten Geschichte; es gibt keinen Besucher, dessen Fantasie von den majestätischen Palästen, Tempeln und großartigen Städten altehrwürdiger Kulturen nicht beflügelt wird. Hill Stations (Bergstationen) bieten eine willkommene und erfrischende Erholung von der Hitze der Ebenen – zumindest Simla muss man gesehen haben. Ebenfalls interessant sind Mussoorie, Ranikhet, Nainital (in der Nähe von Delhi) und Darjeeling, ein beliebtes Urlaubsziel in der Nähe von Kalkutta, wo man den Mount Everest und die gesamte Bergkette des Kanchenjunga sehen kann.

Gesundheit: Alle Reisenden, die aus Infektionsgebieten kommen, benötigen eine Impfbescheinigung gegen Gelbfieber. Malariarisiko ganzjährig landesweit in Gebieten unter 2000 Meter Höhe mit Ausnahme der Bundesstaaten Himachal Pradesh, Jammu und Kaschmir sowie Sikkim. Persönliche Medikamente bringt man am besten in ausreichender Menge mit. Es gibt staatliche Kliniken in den Städten und Privat- und Fachärzte in den Stadtrandgebieten. Der Abschluss einer Reisekrankenversicherung wird dringend empfohlen.

Nähere Informationen gibt es unter www.auswaertiges-amt.de

Vom Laufsteg in den

**Ex-Model Ariane Golpira lebte als Goldgräberin
im Dschungel von Peru**

Urwald

Früher war sie Model, trug Pelzmäntel und schwelgte im Luxus. Heute lebt sie mit Schlangen, Skorpionen und Raubkatzen im Dschungel. Vor zehn Jahren folgte Ariane Golpira ihrem Freund Michael Dianda, einem Designer mit Hang zum Abenteurer, in den Urwald von Peru, um an seiner Seite als Goldgräberin zu leben. Statt Lippenstift und Haute Couture ist eine 32-er nun ihre ständige Begleitung. Ariane Golpira erzählt, wie alles begann.

Liebling, das Kanu ist gechartert. Morgen früh um 5.30 Uhr geht es zur Lagune. Nun lernst du meinen Wald kennen. Freust du dich?" – „Mh, ja – also, dann morgen." Ich überdachte häufig mein Leben, dessen Werte und Aspekte, prüfte es auf seinen inneren Gehalt. Lebte ich es zu unbewusst? Mein Leben füllte mich nicht aus, ich war auf der Suche, hielt der Wald den Schlüssel für mich bereit? Ich spann ebenso die andere, die vernünftige Seite durch. Würden meine Tochter und ich überhaupt so leben können? Konnte ich es ihr zumuten, abgesehen von den Gefahren, so zu leben? Hier war keine Schule, nicht die gewohnte Umgebung, für sie gab es keine Freunde. Ich liebte diesen sensiblen Michael Dianda wie keinen anderen Mann zuvor. War die Realität mit diesem Gefühl zu verbinden? Reichte ein Kurzurlaub? Der Alltag gestaltete sich im Wald bestimmt härter und schwieriger als in der Zivilisation. Eine Expedition dauerte sechs bis acht Monate, wir würden im Nirgendwo eingeschlossen sein, ohne jeglichen Kontakt nach außen. Unbeeinflusst musste ich mich entscheiden, nur ich alleine konnte die Entscheidung treffen, sonst programmierte ich für uns alle eine ausweglose, traurige Situation.

Jetzt wurde es ernst, eine Woche Natur standen ins Haus, Urwald pur! Sechs Nächte in einem kleinen Zelt, und das bei meiner Platzangst! Badezimmer, ade! Im Geheimen hoffte ich, dass die Moskitobiester, die mich hier schon so plagten, das ganze Gekreuch und Gefleuch, einschließlich Schlangen, Skorpionen und Spinnen, ebenfalls für die kommenden Tage in umgekehrter Richtung, also zur Stadt hin, einen Schnuppertrip unternahmen. Oder von mir aus sonst wohin, nur möglichst weit weg von unserer lauschigen Lagune, wie sie mir beschrieben worden war. Bislang hatte ich, bis auf einen Camping-Ausflug in ganz jungen Jahren, welcher wegen unaufhörlicher Regenfälle nach genau fünf Stunden endete, keinerlei Berührungspunkte mit der unverfälschten Natur. Ab morgen sollte und wollte ich die Bekanntschaft mit ihr machen. Einige Einkäufe mussten für den anstehenden Trip getätigt werden. Unser Weg führte unter anderem zum Markt, einem unüberschaubaren Durcheinander farbenfroher Stände, die einer an den anderen klebten und einem mit ihren appetitlich aufgetürmten Angeboten den Mund wässrig machten. Bekannte, exotische, fremde Obst- und Gemüsesorten lockten. Michael überließ mir den Einkauf, während er Schnur, Seil und ein Buschmesser erstand. Fröhlich packte ich ein – Karotten, Zwiebeln, Knoblauch, sogar rote Paprikaschoten entdeckte ich, zwar wesentlich kleiner, als die in Deutschland offerierten, dafür aber herrlich rot und frisch. Das Geld wechselte den Besitzer und ein Kilo des köstlichen Gemüses war mein. Paprikagemüse zählte zu einer meiner kulinarischen Spezialitäten und bekanntlich ging Liebe durch den Magen. In der ersten Dämmerung, bereits um 5.15 Uhr, standen wir voller Erwartung mit Sack und Pack, genauer – einem kleinen Rucksack und einem für dieses Unternehmen völlig unpraktischen Seesack am Hafen. Die Uhr schlug 5.30 Uhr. Die unangenehme, morgendliche Kühle kroch unter die Kleidung. Um sie zu vertreiben, rieben wir uns die Glieder. 5.45 Uhr, wir warteten noch immer auf das Kanu. Gliederreiben genügte nicht mehr, zusätzlich hüpften wir den Steg entlang, um uns zu wärmen. 5.57 Uhr: „Warte du hier auf mich, ich treibe den Bootsmann aus dem Bett!", sagte Michael.

Sich in Peru über Unpünktlichkeit zu ärgern (alles passierte hier frühestens manana – morgen), war dumm, außer hässlichen Falten brachte es nichts. Unvermeidliches musste man hinnehmen, gegen Vermeidbares konnte man kämpfen. 20 Minuten später tuckerte ein kleines Kanu den Madre de Dios hinunter und schon von weitem winkte mir mein Abenteurer zu. Das Gepäck verstaut, ging es mit Hilfe des altersschwachen Peque-Peque-Motors unserer ersten Etappe entgegen. Idyllisch der Morgen am Wasser, vereinzelt erwachte das Leben. Einige Flussschleifen weiter füllten Kinder Flusswasser in rostige Kanister, Eimer, Gefäße jeglicher Art und hievten sich ihre schwere Last auf die Schulter oder balancierten sie auf dem Kopf tragend die rutschige Uferböschung nach oben. Menschen wuschen sich und putzten ihre Zähne. Einige Frauen saßen am Ufer und seiften ihre Wäsche auf abgerundeten Flusssteinen ein. Vier Flussbiegungen weiter entluden Fischer ihren nächtlichen Fang. Ich fühlte mich mitten in einen Dokumentationsfilm versetzt. Wie ein unersättlicher Schwamm sog ich all das fremdartige Neue in mich auf. Später, viel später war Zeit, die Eindrücke zu verarbeiten. Für mich viel zu früh, hätte ich doch noch Stunden dem Treiben auf und am Wasser zusehen können, legte das Kanu am Ende der ersten Teilstrecke an. Der Bootsmann versprach,

Steckbrief

Ariane Golpira (42) arbeitete im Hotelfach und eröffnete mit 21 Jahren ihr eigenes florierendes Hotel. Sie heiratete, bekam eine Tochter und gab das Hotel schließlich auf, um sich ganz um die Familie zu kümmern. Auf der Suche nach einem Halbtagsjob landete sie bei einer Modeagentur, wo sie allerdings nicht wie vorgesehen als Modeverkäuferin, sondern als Hausmannequin arbeitete. Mit 29 Jahren ließ sie sich scheiden. Kurze Zeit später lernte sie bei einer Modenschau ihren „goldgrabenden Abenteurer" Michael Dianda kennen und lieben. Nach einem Schnupperaufenthalt im Urwald von Peru entschied sich die damals 30-Jährige für das Leben in der Natur und gegen ihre Karriere auf dem Laufsteg. Eine Entscheidung, die sie nach nun mehr zwölf Jahren noch nicht bereut hat. Heute lebt sie mit Michael Dianda im Dschungel von Papua-Neuguinea. Auf die Frage nach ihrer Heimat sagt Ariane Golpira: „Ich bin dort zu Hause, wo die Natur noch intakt ist und wo meine Lieben leben."

uns wieder abzuholen und ehe ich mich versah, krabbelte ich, den kleinen Rucksack tragend, hinter meinem Michael die zwölf Meter hohe Uferböschung nach oben.

Wo ging es denn hier zur Lagune? Kein Hinweisschild, kein einladendes Plakat, nur eine ausgetretene Rinne, die ich nie als Pfad bezeichnet, geschweige denn, als solchen ausgemacht hätte. Zielstrebig folgte Michael dieser hinein in den geheimnisvollen Urwald. Er lief hurtig über Wurzeln und Unebenheiten, trotz des schweren, klobigen Seesacks auf seinen Rücken, und sprang über Baumstämme. Michael war zu Hause, hier war sein Element. Gut gelaunt trällerte er ein Lied. Sein Kokon platzte, er, der Schmetterling, war frei. Je tiefer wir in den Urwald drangen, desto unbehaglicher fühlte ich mich. Dabei sollte mir das Ganze Spaß machen. Wie drückte er sich aus: „Ich zeige dir den Wald von seiner schönsten Seite, dies tue ich ganz bewusst. Ich will, dass du – ihr – bei mir bleibt. Der Dschungel soll dich verzaubern, so wie er mich vor zehn Jahren verzauberte. Du sollst das dort verborgene Paradies erkennen!" Ich tapste hinter ihm her, stolperte über Wurzeln, senkte meinen Blick und konzentrierte mich nun auf meinen Weg, um nicht über die glitschigen Stämme zu fallen. Wäre ich nicht so kurzsichtig, würde ich Widrigkeiten früher erkennen und den Weg einfacher meistern. Eine Schlange entdeckte ich wohl erst, wenn ich darauf trat, überlegte ich weiter. Oje, überall lauerten hier tierische Gefahren. Im Geiste sah ich förmlich, wie sich unendlich viele, windende und übereinander kriechende Schlangenleiber auf mich zubewegten. Ließen sich Schlangen in meine Blusen fallen, wenn

Die Urwaldküche von Ariane Golpira (oben): spartanisch, trotz allem „deutsche Ordnung". Das Camp liegt im tiefsten Urwald. Aus dem Helikopter ist die Unwegsamkeit besonders gut zu erkennen.

ich unter Bäumen hindurchlief? Sie konnten sich unbemerkt an ihr Opfer anschleichen, ihr Äußeres tarnte diese Tierchen im Wald fabelhaft. Ich wollte kein Opfer sein, meine Angst beflügelte mich, ich holte auf und heftete mich an Michaels Fersen. Wo Michael hintrat, konnte auch ich getrost meinen Fuß hinsetzen. Begeistert von meiner Geschwindigkeit legte er, mich prüfend, an Tempo zu. Über seine Freude und meine Furcht verloren wir kein Wort. Die Dauer der zweiten Etappe, kalkuliert mit zweieinhalb Stunden, schafften wir in exakt 57 Minuten dank Michaels Turbogang. Der Wald wich zurück und machte einer einladenden Lichtung Platz. Weiter vorne stießen wir auf drei mit Blumen verschönte Holzhütten, bellende Hunde, pickende Hühner und spielende Kinder. Also kam es nicht so schlimm, wie ich befürchtete. Hier existierten Toilette und Dusche, dachte ich in meiner Naivität. Zunächst einmal runter mit dem Rucksack und Luft holen. Das letzte Stück bewältigten wir sprintend, ich war körperlich am Ende. Hochroter Kopf, in den Augen brennender Schweiß, mein Herz galoppierte. Für heute hatte ich genug vom Trimm-Dich-Fit. „Ein heißer Tee wird uns gut tun. Ich organisiere welchen. Ja mein Kleines?"

... würdevoll spiegelte sich die Sonne im grünen Wasser ...

Mir war kochendheiß, mein Inneres verlangte nach Eiswürfeln, aber sein Weggehen kam mir gelegen, konnte ich mich wenigstens in Ruhe regenerieren und einen Blick in den Spiegel werfen. „Ariane, komm' – die Senora hat uns einen Tee gebrüht!" Das ging mir allerdings zu schnell. Aus meiner Weste kramte ich den kleinen Taschenspiegel. Madonna, war ich das wirklich in dem Spiegel? „Wenn du nicht kommst, trinken wir den Tee eben hier." Es zuckte nicht in seinem Gesicht, er registrierte meine Unattraktivität überhaupt nicht. Er drückte mich an sich, küsste zärtlich meinen Mund und nahm eine vom Schweiß gekringelte Haarlocke zwischen zwei Finger und meinte strahlend: „Diese unzähligen Löckchen, du siehst aus wie ein Engel!" Ich hörte kein: ‚Nein, wie soll ich denn daraus eine Frisur machen?' Kein: ‚Du hast ein Kilo zugenommen, mit diesen Kurven kannst du das Schwarze nicht vorführen.' Ich lächelte ihn einfach nur dankbar an. „Unser Camp schlagen wir auf der anderen Seite der Lagune auf, dorthin führt kein Weg, keine Menschenseele wohnt dort. Wir sind ganz allein. Für unseren Aufenthalt hier habe ich bereits ein Kanu besorgt. Ich bringe dich mit dem Gepäck zum Ufer und hole dann den Einbaum." „Ich bin so verschwitzt und müsste auch mal auf die Toilette." „Wir baden später, wenn das Camp steht und eine Toilette ist hinter dem Haus." Was ich mir unter einem Busch-WC vorstellte, weiß ich nicht mehr. Jedenfalls nicht das, was mich erwartete – ein stinkendes Plumpsklo, das von Fliegen und Bienen nur so wimmelte. Auf diese Toilette konnte ich getrost verzichten. Unangenehmer würde es auf der anderen Seite bestimmt nicht werden.

Die Lagune entschädigte mich mit ihrer Schönheit, traumhaft lag sie vor mir. Würdevoll spiegelte sich die Sonne im grünen Wasser und der bis ans Ufer reichende Wald mit seinen unzähligen Grünnuancen schien darin überzugehen. Alleingelassen hatte ich Zeit, mir die mächtigen Bäume, die intensiv leuchtenden Blüten und die Heerscharen von blauroten und gelben Schmetterlingen anzusehen. Diese Seite der Natur ließ ich mir gefallen, sie beeindruckte mich. Kleine, kurz aufeinander folgende Wellen durchbrachen die glatte Wasseroberfläche. Lautlos glitt der von Michael mit einem Ruderblatt gesteuerte Einbaum durch das Wasser. Routiniert legte er an und durchschritt das neun Meter lange Gefährt. Bevor er unsere Habseligkeiten einlud, drehte er sich zur Lagune, hob beide Arme, als wollte er jedes Detail umarmen und sagte: „Ist das nicht unbeschreiblich schön, mit jeder Faser

Fetter Fang: Fischen in wilden Wassern ist für Michael Dianda eine natürliche Herausforderung.

meines Herzens hoffe ich, dass du es lieben wirst, wie ich." Vorerst blieb ich ihm eine Antwort schuldig.

Nachdem ich mich in die Spitze des Einbaums gekniet hatte, drückte er das Kanu vom Ufer und stieg elegant zu. Das in einem Stück aus einem Baum gehauene Boot drohte jeden Moment umzukippen, ohne Kiel wackelte und eierte es beängstigend. Besorgt drehte ich meinen Kopf zu Michael, er lächelte nur, also hatte es so zu sein. Zur Sicherheit umschlossen meine Hände fest den oberen Rand der hölzernen Nuss-Schale, man wusste ja nie. Wir schwebten gleichsam übers Wasser! Der aufkommende Wind spielte mit meinen Haaren, die Sonne wärmte meine Glieder und das Schönste an allem, wir waren immer noch nicht gekentert. Meine Hände lösten sich und tauchten ein in das kühle Nass. Schon lange konnte ich die Waldhütten nicht mehr ausmachen. Mein Steuermann peilte das Ufer an auf der Suche nach einem Eingang in das undurchlässige Grün. Von ihm unbemerkt trieben wir auf einen alten, vermoderten Baumstamm zu, drohten diesen zu rammen. Ich schob uns leicht, aber bestimmt davon weg. Ein Zusammenstoß hätte mit Gewissheit ein ungewolltes Bad zur Folge gehabt. Von hinten rief Michael erschrocken: „Weißt du, was du da gerade weggedrückt hast?" „Einen Baumstamm." „So kann man es auch nennen, nur dass dieser Baumstamm ein Lagarto Negro von etwa sechs Meter Länge war." „Das gibt es nicht", brachte ich hervor. „Sag' mir, dass das nicht wahr ist!" Es war wahr und wollte ich es nicht glauben, brauchte ich nur zu dem schlafenden Ungetüm hinüber zu sehen, das für mich jetzt als Krokodil zu erkennen, weiterhin friedlich an der Oberfläche lag und sich die Sonne auf den ledernen Rücken scheinen ließ. Tiefhängende

Goldschürfen wie es jeder kennt: mit der Pfanne wird das Gestein so lange gewaschen, bis am Ende fast reines Gold übrig bleibt.

Äste und ein steil ansteigendes Ufer machten ein Anlegen unmöglich. Kurz entschlossen nahm mein wackerer Recke die Machete, schlug damit mühsam eine Pforte in die Pflanzenwelt und bahnte uns danach auf Land einen Weg durch das unwegsame Gestrüpp. Mit wiederkehrender Angst im Nacken verließ auch ich unseren Einbaum und folgte ihm wie ein zweiter Schatten. Ungefähr 30 Meter weiter erklärte er mir: „Siehst du, der Platz eignet sich ideal zum Campbau. Wir müssen nur wenig freischlagen." Wenn er meinte, er war der Boss. Für mich machte es keinen Unterschied. „Ariane, sei so lieb und räume hier die Äste beiseite. In der Zwischenzeit gehe ich und hole unsere Sachen aus dem Kanu." „Ich komme lieber mit, zu zweit geht alles leichter und schneller, nicht wahr?"

Mit diesen Worten klebte ich mich wieder an ihn, schließlich wollte ich meinen ersten Tag im Urwald überleben. Gemeinsam säuberten wir den Platz, ich zurückhaltend, er beherzt. Beim Zeltbau sah ich zu und beim Feuerholzsammeln tapste ich hinterdrein. Alles in allem, ich stand im Weg, von mir durfte er keine Hilfe erwarten. Das Camp stand, mittlerweile knisterte das Feuer und wir tranken einen wohlverdienten Kaffee. „Du wolltest baden, das machen wir jetzt." „Wie, äh – du hast mir erzählt, wir baden in einem Bach oder unter einem Wasserfall. Hier ist weder das eine noch das andere." „Wir schwimmen in der Lagune." Ich nickte brav, war plötzlich sehr treuherzig und anhänglich, ergriff seine Hand und wollte sie nicht mehr loslassen. Ausgezogen gab es kein Zurück mehr. Michael sprang ins Wasser der malerischen Lagune, die sich für mich momentan alles andere als malerisch präsentierte. Er schwamm einige Züge, winkte mir zu und lebte tatsächlich noch. Tapfer, wie ich es mir vorgenommen hatte zu sein, steckte ich einen Fuß in dieses Urwasser. Nichts geschah, tollkühn tauchte ich daraufhin meinen zweiten Fuß ein. Kein „Schrecken" biss sich an beiden fest. Draufgängerisch, mit einer gewissen Verwegenheit, folgte ich meinem Waldmenschen. Das Wasser war erfrischend und kühl, nach dem heißen Tag die reinste Wohltat. „Wasserschlangen, Piranhas gibt es hier nicht, oder?" Er nickte – mit einem hurtigen Satz erreichte ich das Ufer, man sollte das Glück ja nicht herausfordern! Nach dem Bad meldeten sich unsere Mägen, hatten wir den Tag über doch noch nichts gegessen. Heute hatte ich mich, wenn auch teils aus Furcht, linkisch und unbeholfen benommen. Wenigstens aufs Kochen verstand ich mich und war es nicht mal an der Zeit zu glänzen? „Weißt du was, ich koche für uns beide – alleine."

Michael, angenehm von meinem Vorschlag überrascht, beschäftigte sich mit unserem Zelt, gestaltete es wohnlich, und danach präparierte er die Angelruten für morgen. Unterdessen schnippelte ich um mein Leben. Außer dem versprochenen Hühnchen mit Kartoffeln kreierte ich mein Spezialgemüse. Das wurde es im wahrsten Sinne des Wortes. Mein Abenteurer saß am Feuer und stolz gab ich ihm einen wahrhaft königlich gefüllten Teller. „Probier's – das erste Mal, dass ich auf dem Feuer brutzelte und noch dazu ein Glanzstück von mir." Sichtlich gerührt nahm er einen ordentlichen Happen Gemüse, ausgehungert, wie er war. „Hervorragend," meinte er begeistert, „einfach....." Nach dem dritten Kauvorgang hielt er inne, stoppte mit Worten und Kauen. Sekundenlang sah er mit großen Augen auf den Teller. „Was ist – schmeckt es dir nicht? Du kannst es ruhig sagen." „Doch, einmalig – ich... wollte nur sagen, an was es mich erinnerte, aber ich komme nicht darauf." Er schaffte noch einen weiteren Löffel, dann war es vorbei mit dem Verstellen. Seine Augen tränten, der Mund weit geöffnet. Was hatte er nur? Eindeutig rang er nach Luft, nahm den Becher mit dem Tee und goss ihn – so heiß wie er war, in einem hinunter. „Das... ich... weißt du, also hör' mal her. Irgendetwas muss da falsch gelaufen sein. Mir ist, als verbrenne ich am lebendigen Leib. Du hast dir solche Mühe gegeben und ich wollte es nicht sagen, aber... es geht nicht, ich verbrenne – es ist die Hölle!" Er schluckte, riss den Mund noch weiter auf, als zuvor und suchte verzweifelt nach dem Teekessel, den ich abseits hingestellt hatte. Solch eine Reaktion zeigte noch niemand auf mein Paprikagemüse. Verwundert kostete ich ebenfalls und spuckte das Zeug sogleich wieder aus. „Brot, das einzige was dagegen hilft. Hör' um Gotteswillen auf zu trinken. Es tut mir so leid."

Meine zu klein geratenen Paprikaschoten identifizierte Michael später als beachtlich große Chilischoten. Eine halbe Schote davon reichte aus, ein Essen für vier Personen zu würzen. Was auf seinem Teller lag, reichte, um eine ganze Hochzeitsgesellschaft zum Weglaufen zu bewegen. Ich schämte mich; da wollte ich besonders gut kochen, aber es ging fürchterlich daneben. „Wenn dir in der Wildnis nichts Schlimmeres passiert, dann ist das schon okay", meinte Michael, nachdem er den Inhalt zweier Teekessel getrunken hatte und fuhr fort: „Den Tag über habe ich dich beobachtet, du hast Angst, nicht wahr?" Ich nickte und fühlte mich unendlich erleichtert, dass er es erkannt hatte. „Zunächst einmal – Angst führt zu Fehlverhalten und das kann fatale Folgen haben. Respekt zu zeigen, achtsam und nicht kopflos vorzugehen ist oft lebensrettend." Er erzählte mir an diesem Abend vom Dschungel, vom Umgang und Verhalten mit Tieren, vom Leben und Überleben im Wald. Wie er es ausdrückte, musste ich zuerst den Wildnis-Führerschein bestehen, damit ich mich hier absolut heimisch fühlte. Dank unseres eingehenden Gespräches verlor ich viel von meiner Furcht. Und wie es so ist mit guten Gesprächen, man vergaß darüber die Zeit. Müde reckten wir unsere Glieder, putzten uns die Zähne und all meine Scham vergessend bat ich ihn auf mich aufzupassen, während ich zur Toilette ging. Bevor wir im Zelt kuschelten, kontrollierten wir die Feuerstelle. „Träum' was Schönes in deiner ersten Urwaldnacht." Fünf Sekunden später schlief er wie ein Stein. Ich hingegen aufgeregt und bewegt, konnte an Schlaf überhaupt nicht denken. Mein heutiger erster Dschungeltag – alles passierte nochmals Revue. ‚Gibt es hier auch Wasser-

Schaurig-schön oder schön-schaurig: ein Schrumpfkopf der Huambiza-Kopfjäger.

schlangen und Piranhas?' Hatte ich ihn gefragt. Seine Antwort – ein Nicken. Ich drehte mich zur Seite und meine Hand berührte die dünne Zeltplane. ,Nur dieses zarte Kunststoffgewebe trennte mich von Schlangen und Krokodilen und weiß Gott noch was', schoss es mir durch den Kopf. Draußen wachten die animalischen Scheusale, witterten vielleicht mein süßes Fleisch, pirschten sich an und lagen auf der Lauer nach mir. Schlangen, hatte mir Michael am Feuer sitzend erklärt, waren nachts am aktivsten. Ich rückte näher an meinen schlafenden Freund, weg von dieser fast transparenten Zeltwand. Und dann all diese unheimlichen Geräusche, das Geknackse – wie konnte er da nur so ruhig und fest schlafen? Am Kopfende bewahrten wir die 30/30-er Winchester auf, welche Beruhigung! Behutsam griff ich danach und hielt sie fest.

Ein sanfter Kuss weckte mich in der Dämmerung. ,War ich etwa eingeschlafen? – Tatsächlich!' Die Nacht hatte ich ohne Zwischenfall überstanden, das ließ hoffen. Ich zog mich im Zelt an und Michael werkelte derweil an der Feuerstelle. Auf dem kurzen Stück zu ihm begriff ich, warum der Regenwald Regenwald hieß. Obwohl es nachts nicht geregnet hatte, tropfte es von den Blättern und das gestrig trockene Laub, nun nass, haftete klumpig an den Schuhen. In kürzester Zeit war meine Bluse klamm von der hohen Luftfeuchtigkeit. Michael hatte es trotzdem verstanden, das feuchte Holz zu entzünden und jetzt brannte ein wärmendes Feuer. Spiegeleier, Speck und starker Kaffee – der Anfang meines zweiten Tages gefiel mir. „Hast du schon die Jaguarspuren im Schlamm gesehen?" „Wo?" Heute Nacht schlich er mehrmals ums

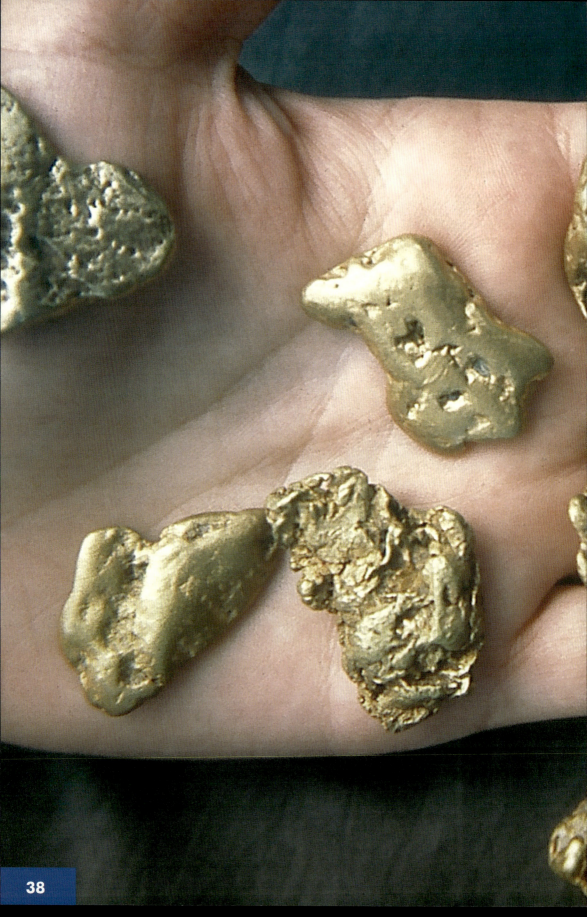

Goldnuggets dieser Größenordnung sind recht selten. Das große Nugget auf den Fingerspitzen bringt es auf 134 Gramm.

Schöne Schlange:
Im Dschungel
gehört sie zum
Speiseplan.

Zelt." „Ein Jaguar, ach, nur ein Jaguar – was ist schon so ein Kätzchen, ist doch niedlich, oder?" – platzte es aus mir heraus. Da lag ich wehrlos, also gut, nicht ganz, ich hatte ja Michael und die Winchester bei mir auf dem Boden, und keinen Meter entfernt, nur getrennt durch ein hauchdünnes Etwas, spazierte die größte aller südamerikanischen Raubkatzen sogar mehrmals an mir vorbei und überlegte sich bestimmt, wie ich, der Festtagsbraten, wohl schmecken würde. Und dabei begann der Tag so schön. Meine Nerven vibrierten, das war entschieden zu viel Natur. Mein Beschützer beruhigte mich: „Der Jaguar greift nur an, wenn er den Kopf des Opfers ausmachen kann und er kommt normalerweise nicht in ein Camp. Was immer er suchte, er fand es nicht. Da wir schon einmal dabei sind, keine Innereien oder Blut ins Camp bringen. Die Katzen riechen das auf Meilen und es zieht sie an. Komm', wir gehen jetzt Piranhas angeln." „Piranhas angeln, das war schon immer mein Traum! Den Köder sparen wir und nehmen wahrscheinlich unsere Finger, hab' ich Recht?" „Nein, Würmer – du Scherzkeks." Wir buddelten und fanden Würmer. Außenordentliche Exemplare – 20, 30, 40 Zentimeter lang, anscheinend gab es im Urwald nur Extreme. Drei dieser gefundenen Riesen genügten Michael als

Ködervorrat. Ab mit uns in den Einbaum, vorbei an den Krokodilen. „Einen schönen Morgen wünsche ich Euch", rief ich lautstark hinüber und erntete von einem Lagarto Negro ein Gähnen, indem er seinen gewaltigen Schlund zeigte. Michael wählte den Platz, er bestückte meine Angel und lehrte mich Auswerfen und Anschlagen. Der Wurm war noch keine Sekunde ausgeworfen, da zappelte eine Skelettiermaschine am Haken. Sie bissen, sobald das Fleisch die Wasseroberfläche durchschlug. Diese kleinen Piranha-Ungeheuer versuchten noch am Haken hängend, nach meinen Fingern zu schnappen.

... am folgenden Morgen weckte mich mein Prinz wieder mit einem Kuss ...

Dass ich gestern unweit von hier badete, daran dachte ich lieber nicht, auch nicht, dass ich am Nachmittag wieder in das Wasser eintauchen musste. „Zwölf Fische, ich glaube, sie genügen uns." „Genügen uns – okay, für was genügen sie uns?" „Na, mehr werden wir bestimmt zum Mittag nicht essen." „Was? Verspeisen wollen wir diese Viecher?" „Klar, wozu haben wir sie denn sonst geangelt? Sie werden dir schmecken – oh, ich rieche sie schon – gebraten mit viel Knoblauch." Ich muss zugeben, knusprig und goldbraun waren sie wirklich ein Genus. Treu ergeben, ebenso wie gestern, folgte ich heute meinem Held. Ohne nervenzermürbende Aufregungen verstrich der Tag. Das einzig für mich Mysteriöse, ich lebte noch immer. In der zweiten Nacht gruselte es mir mehr als in der ersten – wusste ich nun um die Raubkatze. Am folgenden Morgen weckte mich mein Prinz wieder mit einem Kuss und fragte: „Wie hast du geschlafen?" Da verschwieg ich ihm höflich meine bange durchwachten Endlosstunden. Nichts Schreckliches ereignete sich mehr, nur noch Schönes. In eine wahre Märchenwelt entführten mich die verwunschenen Morgennebel auf der glatten Wasseroberfläche. Tränen lachten wir über die wilden Affen, die uns neugierig beäugten und bis auf wenige Meter an das Camp kamen. Nach vier Tagen Dschungel beobachtete ich meinen ersten Condor. Der Condor des Urwaldes, der mit dem weißschwarzen Gefieder, wie er majestätisch erhaben über der Lagune kreiste. Ich lernte Tierlaute den jeweiligen Tieren zuzuordnen und sie dadurch aufzuspüren. Michael erschloss mir eine Wunderwelt, indem er mir die Augen öffnete für Kleinlebewesen. Ich lernte anders hinzuschauen – er weckte in mir ein Gefühl für Pflanzen, die er mir zeigte, die ich alleine nie beachtet hätte.

Ich beäugte meinen Helden ein wenig neidisch, wie er leichtfüßig durch den Wald lief, als ginge er in der Stadt spazieren. Ich hingegen stapfte sehr zögerlich durch diese Wildnis. Hinter jedem Stein, Stumpf, Stamm konnte eine Bedrohung warten. Starben nicht jährlich viele Menschen an Schlangenbissen? Lieber vorsichtig sein. Der Wald strotzte vor Leben, vor göttlicher Schönheit, von der ich bislang keine Ahnung hatte. Immer mehr verbannte ich die Risiken in mein Hinterstübchen, ohne sie gänzlich zu vergessen. Der Einklang des Waldes streichelte meine Seele auf eine Weise, wie mich nie zuvor etwas berührt hatte und hielt mich damit in seinem Bann. Meine Familie in Deutschland würde die Welt nicht mehr verstehen: „Du gehst was? Goldsuchen in den Urwald mit Gisa. Bist du verrückt geworden? Du hast einen gut bezahlten Job, eine schöne Wohnung, Auto, Geld, Freunde – was willst du noch mehr?" Ein unüberbrückbares Hindernis wäre gewesen, wenn Michael kein liebevolles Verhältnis zu Gisa, meiner Tochter, gehabt hätte, aber dem war nicht so, im Gegenteil, er freute sich auf sie. Wollte ihr angeln lernen, ihr den Wald näher bringen und, und, und... Nach allem Hin und Her stand für mich mit einem Mal fest – wir tun es – jawohl! Mit dem nächsten Flugzeug flog ich nach Deutschland, regelte dort die nötigsten Dinge und kehrte mit meiner fünfjährigen Tochter nach Peru zurück. Michael holte uns vom Flughafen ab und auf seinem Arm turnte ein kleines Äffchen, das ungeduldig auf seine neue Freundin Gisa wartete. Das Schulproblem lösten wir, indem ich sie die ersten beiden Jahre selbst unterrichten wollte und später würde der Unterricht über das Funkgerät oder einen Privatlehrer erfolgen. Den Umgang mit Kindern ermöglichte die Einstellung einer Familie. Die Frau konnte für die Männer im Camp kochen und ihr Mann bekam eine Arbeit an der Maschine. ∎

Arbeiten im Paradies: Für Ariane Golpira und Michael Dianda ist der Traum wahr geworden.

Geografie: *Peru ist ein bergiges Land an der Pazifikküste, südlich des Äquators. Das Land grenzt im Norden an Ecuador und Kolumbien, im Osten an Brasilien und Bolivien und im Süden an Chile und gliedert sich in vier Regionen: Costa, Sierra, Montaña und Selva. Die Hauptstadt Lima liegt in der Costa-Region, die aus einem schmalen Küstenstreifen besteht, der wüstenhaften Charakter hat und teilweise künstlich bewässert wird. In der Sierra-Region lebt der Großteil der indianischen Bevölkerung. Die Anden erreichen eine Höhe von über 6000 Meter. Die Montaña-Region liegt zwischen den Anden und dem Dschungel im Osten Perus. Das fruchtbare subtropische Gebiet ist bisher kaum erschlossen. Die im Bau befindliche, internationale Autobahn kann in einigen Abschnitten bereits befahren werden. Die Selva-Region, der Amazonas-Dschungel im östlichen Teil des Landes, verfügt über bedeutende Bodenschätze. Die Bevölkerung besteht überwiegend aus Indios und Mestizen. Europäische (hauptsächlich spanische), chinesische und afrikanische Siedler haben sich ebenfalls hier niedergelassen. Fläche: 1 285 216 km^2; Bevölkerungszahl: etwa 25 000 000; Hauptstadt: Lima.*

Klima: *Der Winter dauert von Mai bis September. An der Küste und um Lima ist von Oktober bis April Sommer, im Dschungel und in den Bergen ist dies die Regenzeit. Von Mai bis September ist es in den Bergen klar, in den Küstengebieten dagegen oft neblig.*

Botschaft/Touristeninfo: *Botschaft der Bundesrepublik Deutschland; Apartado 18-0504, Lima 18. Tel.: 0052-1-422 49 19; Fax: 0051-1- 422 64 75. E-Mail: kanzlei@embajada-alemana.org.pe Honorarkonsulate in Arequipa, Cusco, Iquitos, Piura.*

PromPerú; Calle 1 Oeste 50, Edificio Mitinci, 13th Floor, Urb. Córpac, San Isidro, Lima 27; Tel.: 0051-1-224 32 71; Fax: 0051-1-224 33 23. E-Mail: postmaster@promperu.gob.pe Internet: www.peru.org.pe

> **Buch-Tipp**
>
> Ariane Golpira „Schlangen in meiner Pfanne" (ca. 12,75 Euro)
>
> Ewertverlag ISBN-3894782153

Währung: *1 Nuevo Sol = 100 Céntimos. Reisende sollten US-Dollar mitführen. Der Umtausch anderer ausländischer Währungen ist in Lima nur begrenzt, außerhalb Limas gar nicht möglich. Banken und Wechselstuben verlangen hohe Kommissionen. Offiziell darf nur die Banco de la Nación Geld wechseln; zahlreiche Casas de Cambios und einige der großen Hotels sind aber autorisierte Zweigstellen der Nationalbank. Die Casas de Cambios sind für ihre guten Wechselkurse und zügige Bedienung bekannt.*

Einreise: *Ein Reisepass ist allgemein erforderlich, muss aber noch mindestens sechs Monate über den Aufenthalt hinaus gültig sein. Deutsche Touristen, die nicht länger als drei Monate nach Peru reisen, brauchen kein Visum.*

Allgemeine Infos: *Das Leben verläuft geruhsam, und die Peruaner begründen ihre Unpünktlichkeit lachend mit „La Hora Peruana" – die peruanische Zeit.*

Peru

Trinkgeld: Rechnungen enthalten im allgemeinen 18 Prozent für Bedienung. Ein zusätzliches Trinkgeld in Höhe von fünf Prozent wird erwartet. Taxifahrer erwarten kein Trinkgeld.

Sehenswürdigkeiten: *Der Dschungel: Das Amazonas-Becken zieht sich durch den größten Teil des Landes, ist aber kaum touristisch erschlossen. Von Pucallpa kann man zwar mit dem Boot nach Iquitos auf dem Fluss Ucayali fahren, das beste Transportmittel nach Iquitos, der wichtigsten Stadt des Gebietes, ist aber das Flugzeug. Die Stadt hat große Parkanlagen mit zahlreichen Baum- und Pflanzenarten. Regelmäßige Bootsfahrten werden zu den Siedlungen der Amazonas-Indianer veranstaltet. Die Bademöglichkeiten in dieser Gegend sind sehr gut. Von Iquitos kann man nach Puerto Maldonado fliegen, der Hauptstadt der Provinz Madre de Dios.*

Gesundheit: *Medizinische Behandlungen müssen sofort bezahlt werden. Der Abschluss einer Reisekrankenversicherung wird dringend empfohlen. Eine Impfbescheinigung gegen Gelbfieber wird von allen Reisenden verlangt, die aus Infektionsgebieten kommen. Vor dem Besuch von Dschungelgebieten in ländlichen Regionen unterhalb von 2300 Meter wird zu einer Schutzimpfung gegen Malaria geraten.*

Nähere Informationen gibt es unter www.auswaertiges-amt.de

Mit Suzi den Träum

Esther Gehann und Detlef Röhrig reisten mit dem Motorrad durch Südamerika

en entgegen

Bereits seit ihrer ersten Reise nach Südamerika träumten Esther Gehann und Detlef Röhrig davon, gemeinsam den ganzen Kontinent mit ihrem Motorrad zu erkunden. Eine lange Reise zu planen war etwas ganz anderes, als vier bis sechs Wochen Urlaub zu machen. Aber dann erfüllte sich ihr Traum: In 425 Tagen durchquerten sie Südamerika, durch sengende Hitze und eisige Winde, über hohe Gipfel und tiefen Urwald. Esther Gehann führte Tagebuch von ihrem gemeinsamen Abenteuer.

Die unterschiedlichen Jahreszeiten mit ihren Regen- und Trockenzeiten bereiten uns einige Probleme, eine optimale Reiseroute zu finden. Und dann heißt es noch, den geeigneten Zeitpunkt dafür zu finden, denn für ein Jahr bekommt man keinen Urlaub. Da muss man bereit sein, seinen Job aufzugeben und nach der Rückkehr wieder neu anzufangen. Meine Arbeit an der Musikschule ist nach fast 15 Jahren auf einem toten Punkt angelangt. Nachdem Detlef mit Erfolg seine Meisterprüfung abgelegt hat, steht bei ihm über kurz oder lang die Selbstständigkeit an. Detlef nimmt einen Job als Zahntechniker an. Beinahe drohen unsere ganzen Pläne zu scheitern, denn mit dieser Arbeitsstelle scheint Detlef genau das Richtige getroffen zu haben und er schwankt hin und her zwischen beruflichem Aufstieg und Ausstieg. Aber dann siegt das chronische Fernweh.

Die letzten Wochen in Deutschland sind hektisch. Wir dürfen nichts Wichtiges vergessen: Das Motorrad muss für diese lange Reise gut vorbereitet werden, noch einige sinnvolle Änderungen gemacht werden. Die Untervermietung der Wohnung gestaltet sich so schwierig, dass wir uns entschließen, sie leer stehen zu lassen; ein guter Freund – selbst Langzeitreisender – wird in alle Einzelheiten eingeweiht und für diese Zeit die wichtigste Kontaktperson in Deutschland. Eine Woche vor Abflug bringen wir unsere „Suzi" in einer original Verpackungskiste zum Flughafen, wo sie mit Luft-Cargo nach Caracas in Venezuela geschickt wird. Wenn alles klappt, soll sie zeitgleich mit uns dort ankommen.

August

Der Abschied von unserer Wohnung und der Nachbarin, die sich in unserer Abwesenheit um die Blumen kümmern wird, fällt mir erstaunlich schwer, obwohl ich mich die letzten Wochen fieberhaft nach diesem Tag gesehnt habe. Viele bisher verdrängte Gedanken schießen mir durch den Kopf: Ein Jahr lang nicht mehr hier sein, die Eltern und Freunde nicht mehr treffen, keine Konzerte mehr geben ... Unsere Eltern haben bis zum Schluss versucht, uns von der Reise abzuhalten. Am Vortag der Abreise geht es zu den Schwiegereltern nach Neuwied. Dort werden die Sachen in Kartons gepackt, die uns an verschiedene Orte nachgeschickt werden sollen. Erst weit nach Mitternacht geht es ins Bett, aber an Schlafen ist sowieso nicht zu denken. Um 4:30 Uhr klingelt auch schon wieder der Wecker und wir lassen uns zum Kölner Flughafen fahren. Wir verlassen deutschen Boden mit einer kleinen Propellermaschine Richtung Amsterdam. Dort steigen wir dann in den großen Jumbo um.

Neben uns sitzt ein venezolanischer Offizier,

ten einzeichnet. So vergeht die Zeit viel zu
schnell. Ehe wir recht zur Besinnung kommen, stehen wir schon in Caracas, haben die
unendlich vielen Gepäckstücke um uns herum und suchen nach einer Lösung, schnell
nach Macuto, einem kleinen Ort an der
Küste, etwa zehn Kilometer vom Flughafen
entfernt, zu kommen. Denn dort hatten wir
uns im Reiseführer ein Hotel ausgesucht. Wie
alle Neuankömmlinge werden auch wir

Steckbrief

Seit 1993 sind Esther Gehann

*nach Argentinien und Chile
begleitete die Musikpädagogin
Detlef Röhrig.*

Kluvier und Blockflöte an der

und Sängerin

*Zahntechnikermeister. Er
betreibt zusammen mit Esther
Gehann ein zahntechnisches*

ten Reiseabenteuer nieder und

ist zwar teuer, aber halbwegs stressfrei.
Das Hotel ist auch passabel und als alle
Gepäckstücke auf dem Zimmer stehen,

und stinkt. Sie hat wohl schon viele Jahre auf

betrieb steigt die Temperatur allmählich wieder von 29° C auf über 33° C. Wir liegen

wohnten Geräusche lassen meine Gedanken

das alles tatsächlich erlebe oder ob ich träume. Ein Jahr lang auf Reisen sein. Was werden

Hause, wo alles viel kalkulierbarer ist? Als es

lsen auf dem Dachbalkon. Hier weht eine
sanfte Brise und im Schatten ist es sogar gut

**Über Dünen düsen: Mit Schwung
geht es im VW-Buggy die steilen
Sandberge hinunter.**

auszuhalten. Also erkunden wir erst einmal die Strandpromenade. Überall ertönt Musik, und fliegende Händler versuchen uns ihre Ware zu verkaufen. Wir suchen uns eine etwas ruhigere Ecke, um erst einmal einen Überblick zu bekommen und ich beginne, die Menschen hier zu beobachten. Sie sind ausgelassen und fröhlich, Lebensfreude strotzt aus ihren Augen. Ja, so möchte ich auch werden, ein glücklicher und zufriedener Mensch. In einem der vielen Restaurants studieren wir ausgiebig die Speisekarte und entscheiden uns für Pabillon a criollo, was sich als ein Gericht mit Reis, schwarzen Bohnen, gezupftem Fleisch, Banane und Avocado herausstellt. Dieser Anblick lässt unsere Herzen gleich viel höher schlagen. Mit Hilfe des freundlichen Kellners lernen wir auch die ersten Unterschiede zwischen dem spanischen Castillano und dem Spanisch der Latinos kennen. Zwar haben wir uns bemüht, in Deutschland etwas Spanisch zu lernen, aber es wird wohl doch in einem „Learning by doing" enden. Aber wir lernen auch die Kehrseite der Medaille kennen. Die vielen bettelnden Kinder machen auch vor uns nicht halt und wir wissen nicht so recht, wie wir uns verhalten sollen. Doch dann beobachten wir, wie eine Frau einen Jungen an ihren Tisch winkt und er sich gierig die Essensreste einpackt und sie auf der Mauer sitzend genüsslich verspeist. Das gefällt uns, denn Geld zu geben bringt meistens nur den Eltern etwas, nicht aber den Kindern. So wollen wir es demnächst auch handhaben.

Nach wenigen Tagen fühlen wir uns hier schon fast wie zu Hause und die Sehnsucht nach unserer Suzi steigt. Sie ist leider in Paris in eine Kontrolle geraten und kommt erst eine Woche später an. Da wir mit den Zollformalitäten in spanischer Sprache doch noch sehr überfordert sind, nehmen wir gerne die Hilfe eines jungen Mannes an, der sich mit den Gegebenheiten besser auskennt und uns für akzeptable 100 Dollar in eineinhalb Tagen allen Papierkram erledigt, während wir in der Lagerhalle unsere Suzi schon zusammenbauen dürfen. Nach getaner Arbeit kann ich Detlefs T-Shirt förmlich auswringen. Es wird also noch einige Zeit dauern, bis wir uns an die feuchte Hitze hier gewöhnt haben.

Als erstes größeres Problem entpuppt sich allerdings die Unterbringung unseres Gepäcks auf der lieben Suzi. Zwar haben wir in Deutschland Probe gepackt, aber nie alles gleichzeitig auf das Motorrad geladen. Und so streikt Detlef dann auch nach der ersten Probefahrt. Suzi ist zu schwer und kaum fahrbar. Also wird abgespeckt und bei einer Bekannten in Caracas alles momentan Überflüssige – wie z. B. die warme Unterwäsche für die Berge, einige Ersatzteile und die meisten Dia-Filme – zwischengelagert. Dann geht es los, die Küste entlang Richtung Osten. Detlef flucht immer noch, denn die steilen Berge und engen Kurven lassen sich mit zwei Personen und etwa 100 Kilogramm Gepäck nur unter Einsatz der Kupplung bewältigen. Es ist eben noch alles ungewohnt und wir hoffen auf die Routine. Aber die Landschaft ist traumhaft. Herrliche Strände wechseln sich mit kleinen Gebirgszügen und Tälern ab und wir fangen an, die Reise zu genießen. Nach zwei bis drei Wochen hat dann ziemlich alles seinen festen Platz und wir unseren Tagesrhythmus gefunden. Es ist ja nicht so, dass wir jetzt 14 Monaten Urlaub entgegenziehen, das heißt faul am Strand liegen und uns die Sonne auf den Bauch brennen lassen. Das tun wir zwar ab und zu auch, aber auf Dauer würden wir diese Untätigkeit gar nicht aushalten. Außerdem gibt es eine Menge Pflichten zu erfüllen: Die Maschine und die Ausrüstung müssen in Ordnung sein, nach Unterkunft und Verpflegung muss manchmal täglich neu Ausschau gehalten werden. Die Eltern werden telefonisch von unserem Wohlbefinden unterrichtet – manchmal eine zeitraubende Angelegenheit, wenn wieder alle Telefone defekt sind – und Bargeld will beschafft werden, was häufig einen halben Tag Geduld in der Bank kostet. Oft haben

Prickelnde Erfrischung:
Ein Schlauch mit einem Brausekopf
an einer Palme befestigt –
und schon ist die
Dünen-Dusche fertig.

wir auch einen Acht-Stunden-Fahrtag vor uns, um unsere Tages-Etappen zu schaffen. Und selbst ich als Langschläfer muss mich an frühes Aufstehen gewöhnen, denn um 8 Uhr ist es schon so heiß, dass wir beim Beladen von Suzi im eigenen Schweiß ertrinken. Wo wir auch hinkommen, überall erregen wir Aufsehen und schnell hat sich eine Menschentraube um Suzi gebildet. Sie sieht eben beeindruckend aus, wenn sie beladen ist. Und dann kommen immer die gleichen Fragen: Wo kommt ihr her? Wo wollt ihr hin? Was ist das für eine Maschine? Gerne antworten wir, so gut wir können.

November

Müssten wir nicht schon längst da sein? Die sengende Hitze setzt mir ganz schön zu. Alles klebt am Körper, von abkühlendem Fahrtwind bei 32° C Fahrtemperatur kann keine Rede mehr sein. Stattdessen staubt die Urwaldpiste ständig neuen roten Sand in Mund und Nase. Da vorne, ist es das? Ach nein, leider wieder nur eine der unzähligen noch nicht fertigen Brücken. Also müssen wir wieder einmal eine alte Holzbrücke nebenan nehmen. Sie ist diesmal in einem ganz besonders erbärmlichen Zustand. Sowohl die Längsbretter, als auch die Querstreben weisen riesige Lücken auf. Was für Lkws kein Problem darstellt, kann für uns zwei auf einer Maschine mit rund 100 Kilogramm Gepäck zur tückischen Falle werden. Doch als meine Augen rechts daneben die „alte Holzbrücke" erspähen, muss ich schon wieder grinsen und freue mich über den doch „sehr guten Zustand" dieser Brücke. Detlef entscheidet sich diesmal für die linke Seite. Ich feuere ihn, wie bestimmt schon 20 Mal zuvor, von hinten wieder kräftig an, er versucht den langen Balanceakt durchzuhalten, und einige Sekunden später ist alles vorbei. Kein Abrutschen, kein Steckenbleiben, Fortuna war uns wieder mal hold. Nur Muße für Fotos habe ich bei diesem Nervenkitzel nicht. Also geht es weiter. Und dann, 15 Minuten später sehe ich es. Detlef muss es wohl zeitgleich entdeckt haben, denn er steuert unsere Suzi siegessicher auf das Äquatordenkmal in Brasilien zu. Wir haben es doch noch geschafft. Schnell wird die Kamera gezückt. Die Arbeiter, die mit allerlei Eimern und Leitern am Denkmal beschäftigt sind, machen bereitwillig eine Pause, damit wir ungestört fotografieren können. Erst als der Film voll ist, komme ich zur Besinnung. Wie lange hatte ich von diesem Augenblick geträumt.

... das Restaurant wird geräumt, alle verkriechen sich ...

Freudestrahlend falle ich Detlef um den Hals und dann kommen auch schon die Tränen. Doch die Sonne brennt gnadenlos, gönnt mir noch nicht einmal dieses bisschen Sentimentalität. Aber wir müssen sowieso weiter, denn hier können wir unser Nachtlager nicht aufschlagen. Hier könne niemand für unsere Sicherheit garantieren, haben wir immer wieder gehört. Wir befinden uns nämlich im Grenzgebiet zum Indianerreservat, ein 150 Kilometer langes Teilstück der Urwaldpiste Boa Vista/Manaus, welches man nur von Sonnenaufgang bis Sonnenuntergang durchqueren darf. Übernachtungsmöglichkeiten hat man jeweils an den Kontrollstellen, doch bis dahin sind es noch 30 quälende Kilometer. Wir winken zum Abschied den Arbeitern nochmals zu, und nach einer letzten Baustelle für heute haben wir unser Tagesziel erreicht. Völlig erschöpft steige ich von Suzi. Mein Kreislauf ist am Ende. Detlef steckt das Klima hier erstaunlich gut weg. Leider sind wir etwas zu spät, um noch ein Zimmer zu ergattern. So suchen wir einen geschützten Platz für unser Zelt und bauen auf. Dann will ich nur noch trinken, trinken, trinken... vier bis sechs Liter am Tag brauche selbst ich als Trinkmuffel. Kurz vor Sonnenuntergang sehen wir dann diesen Mann im Schutzanzug mit einem Spritzgerät durch die Gegend laufen. Das Restaurant wird geräumt, alle verkriechen sich in einen anderen Winkel, als der Mann kommt. Diese Zeremonie ist wohl jeden Abend nötig, um die Moskitos einigermaßen im Zaum zu halten. Wir sind beide viel zu erschöpft, um uns zu wehren, als der Mann auch vor unserem Zelt keinen Halt macht. Den Geruch sind wir bis heute noch nicht ganz losgeworden. Nach dieser Aktion wird ein reichhaltiges Fleischmahl serviert und dann falle ich todmüde ins Zelt. Am nächsten Morgen müssen wir das Zelt leider nass einpacken, nachts hatte es leicht geregnet und allmählich mache ich mir große Sorgen, denn die Regenzeit kann jeden Augenblick losgehen. Wegen einer Panne in Venezuela sind wir drei Wochen zu spät. Sollten die uns jetzt zum Verhängnis werden? Nach zwei Kilometern kommen wir erst einmal an den Kontrollpunkt und lassen uns in die Liste eintragen. Danach dürfen wir die Sperre ins Reservat passieren. Landschaftlich hat sich nichts geändert, fahrtechnisch ist es noch etwas heikler geworden, denn hier ist die Piste eine reine Baustelle. In Venezuela hatten wir gehört, dass man die kompletten 1000 Kilometer teeren will, aber bisher haben wir nur wenig davon profitiert. Jetzt sieht es mal wieder fast aussichtslos aus. Ein schwerer Pflug bearbeitet gerade die neu aufgeschüttete Erde und schaufelt damit die einzige für uns befahrbare Spur mit loser Lehmerde zu. Es sieht aus, als ob sie einen Acker bestellen wollen. Was tun? Ein Ende der Baustelle ist nicht zu sehen und bei der schwer beladenen Maschine würde es Detlef auch nichts nützen, wenn er alleine fährt. Wir warten einen herannahenden Lkw-Konvoi ab, der uns einigermaßen brauchbare Reifenspuren in der aufgewühlten Erde hinterlässt. Dann versuchen wir unser Glück. Aber auf halber Strecke droht die Kupplung zu versagen. Ich schicke ein Stoßgebet gen Himmel, doch die bedrohlich grauen Wolken da oben stimmen mich alles andere als froh. Ein gefährlicher Schlenker lässt mich aber noch nicht einmal diesen Gedanken zu Ende denken. Detlef hat die rutschende Maschine gerade nochmal abgefangen. Nach nicht enden wollenden Minuten haben wir es dann geschafft – Baustellenende. Und nach weiteren vier Stunden stehen wir überglücklich und völlig verdreckt an einer Tankstelle. Jetzt sind es nur noch 100 Kilometer Teerstrecke bis Manaus.

Für uns eine Stunde zu früh brechen dann die Wolken auf und innerhalb weniger Minuten verwandelt sich die Straße in einen reißenden Fluss. Und meine Goretex-Stiefel zeigen, was sie können. Kein einziger Tropfen des von meiner Cross-Hose angesaugten Wassers lassen sie wieder heraus. So stapfe ich in einem Fußbad durch Manaus – bei 40° C trotz Regens sogar angenehm – und suche ein geeignetes Hotel für uns, während Detlef bei Suzi bleibt. So machen wir das immer in größeren Städten. Irgendwann finde ich dann eine geeignete Unterkunft. Suzi steht sicher unten im abgeschlossenen Hof und wir haben sogar ein Zimmer mit Klimaanlage – nach den Entbehrungen der letzten Tage eine Wohltat, wäre da nicht der Stromausfall von 17 bis 20 Uhr und 4 bis 7 Uhr. Überall brennen Gaslampen und der Großstadtverkehr wird mit Polizisten und Trillerpfeife geregelt. Darin sind die Brasilianer echte Lebenskünstler.

Weihnachten

Gerne erinnere ich mich noch an Weihnachten. Eigentlich wollten wir bis Salvador de Bahia kommen, aber einige schöne Orte und ein kleiner Unfall haben unsere Planung vier Wochen zurückgeworfen. Unser neues Ziel heißt: Natal. Eine schöne Stadt mit einer markanten Stranddüne. Das Besondere aber ist, dass der Name Natal übersetzt „Weihnachten" bedeutet. Die Stadt verdankt ihren Namen der Entdeckung am Weihnachtstag. Gut gelaunt rollen wir am 23. Dezember dort ein und machen erst einmal – wie immer – an

Eiskalte Schönheit:
der Moreno-Gletscher
in Argentinien.

der nächsten Tankstelle Rast, um den weiteren Schlachtplan zu entwerfen. Diesmal haben wir besonderes Weihnachtsglück, denn ein netter Brasilianer am Nachbartisch spricht uns an, sogar auf Englisch, was hier eine absolute Seltenheit ist. Er arbeitet als Englischlehrer an einer hiesigen Schule und mit seiner Hilfe finden wir eine traumhafte Unterkunft. Für nur 20 Dollar pro Tag sind wir stolze Besitzer von drei Schlafräumen, zwei Bädern und einer eigenen Küche. Wir wissen dies wirklich zu schätzen, da wir die letzten Wochen oft in ganz einfachen Unterkünften mit Etagen-WC genächtigt haben. Ein schöneres Weihnachtsgeschenk hätte ich mir nicht vorstellen können. Aber auch wir scheinen für unsere Vermieter eine willkommene Abwechslung zu sein, denn wir werden nicht nur gleich verköstigt, sondern sie fahren mit uns auch einkaufen, damit wir über die Feiertage selber kochen können. Diese Hilfsbereitschaft der Brasilianer erstaunt uns immer wieder. Dabei können wir uns auch nach über vier Wochen im Land nicht mit ihnen unterhalten. Wir haben nur Spanisch gelernt und hier spricht man Portugisisch und das noch auf eine ganz spezielle brasilianische Art. Aber die Brasilianer geben nicht so schnell auf. Auch unsere Vermieter haben nach einem Tagen einen entfernten Verwandten gefunden, der Englisch spricht, denn man möchte uns gerne eine besondere Weihnachtstour verkaufen. Bisher haben wir nur verstanden, dass es sich um eine VW-Buggy-Tour entlang der Küste handeln soll. Jetzt begreifen wir, dass wir die Möglichkeit haben, zusammen mit einem brasilianischen Pärchen für zwei Tage an einer Buggy-Tour teilzunehmen. Schon weiter oben im Norden haben wir diese urigen Fahrzeuge am Strand gesehen, die keinen Tiefsand scheuen. Sie sind mit einem VW-Käfer-Motor und sehr breiten Reifen ausgestattet. Gerne willigen wir ein, denn zu viert ist es sogar bezahlbar. Wir fahren wirklich direkt am Strand entlang, über kleine Brücken, manchmal mit einer handbetriebenen Fähre von einer schönen Bucht zur nächsten. Die Krönung ist dann die Fahrt durch die Dünen. In einem speziellen Gebiet, wo man einen kleinen Obolus für den Eintritt zahlt, jagt unser Fahrer mit vollem Elan von einer Düne auf die nächste, immer den Steilhang hinauf und dann oben über die Kante kippend wieder hinunter. Das ist fast wie Achterbahn fahren und wir kreischen um die Wette. Hinterher sind wir zwar von dem auffliegenden Sand wie mit Puderzucker überzogen, aber in einer Oase sorgt eine „Dusche" – ein Schlauch mit Brausekopf entlang einer Palme – für die nötige Reinigung.

Januar

Nach Salvador de Bahia, der Seele Brasiliens, kommen wir dann Ende Januar, wo die Vor-Karnevalszeit schon kräftig gefeiert wird. Eigentlich wollen wir heute nur zum Frisör. Aber auf dem Weg in den Stadtteil Barra sehen wir dann die riesigen Wagen – 22 Meter lang und 3,20 Meter hoch –, auf denen die verschiedenen Bands ihre Instrumente einspielen. Diese riesigen Tri-Elektricos sollen am Nachmittag und Abend eine Carneval-Veranstaltung am Leuchtturm mit Samba-, Salsa- und Reggeamusik bestreiten. Das dürfen wir natürlich nicht verpassen. Nach einem akzeptablen Haarschnitt für Detlef gehen wir schnell zurück ins Hotel, kochen noch eine Kleinigkeit – ja, das ist hier tatsächlich im Hotel möglich –, um dann pünktlich zur Fiesta wieder in Barra zu sein. Relativ schnell finden wir trotz des Menschengewirrs noch einen guten Platz schräg gegenüber des Leuchtturms. Allerdings brauchen unsere Ohren eine ganze Weile, bis sie sich mit der hohen Dezibelzahl angefreundet haben, denn meistens haben die Bands über die ganze Wagenlänge ihre Boxen aufgestellt. Manche Wagen sind sogar mit einer Hebe- und Schwenkbühne ausgestattet. So rollen die nächsten Stunden bestimmt 15 dieser riesigen Ungetüme an uns vorbei. Bedingt durch die große Hitze und hohe Luftfeuchtigkeit kommen auch die Getränkehändler voll auf ihre Kosten. Sie verkaufen Dosen, die sie in Styroporboxen mit Stangeneis kühlen.

Aber trotz der riesigen Menschenmenge gibt es hinterher kein Müllproblem, denn für einige ist das Sammeln der Dosen die einzige Einnahmequelle. Allmählich entwickelt sich die Party zu einem einzigen Rausch und auch wir werden mitgerissen von den Rhythmen und Klängen. Dann, als die Party auf ihrem Höhepunkt angelangt ist, fängt eine Gruppe direkt neben uns mit Capoeira an, einer Kampfsportart der Sklaven, die als Turnübung getarnt wurde, denn den Sklaven wurde damals der offene Kampf von ihren Herren untersagt. Und ehe wir uns versehen, stehen wir schon mittendrin. Die Tänzer springen über uns hinweg und oft huscht ein Bein oder Arm nur wenige Millimeter an unseren Körpern vorbei, ohne uns zu berühren. Unglaublich, mit welcher Präzision diese Leute arbeiten. Dieses Erlebnis zieht wie im Traum an mir vorbei, und ich beginne den Sinn unserer Gradwanderung „Traumreise/Abenteuer" zu verstehen. Ich bin beeindruckt von dieser Kunst. Aber auch davon, dass die Menschen uns Fremde wie selbstverständlich integrieren, ohne Hintergedanken, obwohl wir Weiße sind und sie als Schwarze – trotz der zahlenmäßigen Überhand in Salvador – doch oft das Nachsehen haben. Erst weit nach Mitternacht löst sich die Menge auf und auch wir gehen zurück ins Hotel. Fast drei Wochen bleiben wir hier, fahren immer wieder hoch in die Altstadt, ins Pelourinho, wo die prunkvollen Kirchen stehen und jeden Tag Live-Musik geboten wird. Der Weg zurück zum Hotel gleicht schon fast dem Weg „nach Hause". Dieses Gefühl brauche ich immer wieder auf der Reise, um mich nicht nur rast- und ruhelos zu fühlen.

Glücklich am Gletscher:
Für Esther Gehann ging
ein Traum in Erfüllung.

Unser Leben ändert sich drastisch, als wir nach Patagonien in Argentinien kommen. In Bahia Blanca lassen wir den in Paraguay erstandenen Vorderradreifen in einer netten Suzuki-Werkstatt aufziehen. Da für den Abend eine Parilla geplant ist, werden wir wie selbstverständlich eingeladen. Hinten in der Werkstatt wird abends der Grill angezündet und das herrlichste Lammfleisch gegart. Und als Krönung schält der Seniorchef eigens für Detlef und mich je ein Nierchen heraus. Nach dem ausgelassenen Abend geht es dann aber endgültig nach Patagonien. Dank El Niño (Meeresströmung) bleibt uns der starke Wind hier unten erspart. Dafür haben wir Motorradspaß pur. Endlich einmal kann sich Detlef so richtig austoben, vor allem, als wir noch einmal an die 20 Kilogramm Gepäck eingespart haben. Endlich wird die Maschine handlich, und die Schotterpisten fliegen nur so an uns vorbei. Wir fahren in die unendliche Weite hinein, vorbei an blühenden Sonnenblumenfeldern und immer dem extrem tiefblauen Himmel entgegen. Stopps gibt es nur bei den Seelöwen und -elefanten, im versteinerten Wald und bei den Pinguinen. Und endlich können wir fast ausschließlich im Zelt schlafen. Da die Argentinier selber gern zelten, sind die Campingplätze alle mit Tisch, Bank und Grill ausgestattet. Sogar die vielen unbewirtschafteten und kostenlosen Plätze bieten diesen Komfort. Eigentlich bekannt als das

Traumhafte Panoramen
wie der Blick auf die
Kordilleren in Chile, aber
auch unwegsames
Gelände, begleiten Esther
Gehann und Detlef Röhrig
auf ihrem Weg durch
Südamerika.

teuerste Land Südamerikas, wird Argentinien so für uns zur optimalen Entlastung der Reisekasse. Wir leben daher die nächsten Monate noch enger im Einklang mit der Natur, sammeln Obst und Nüsse, machen unsere eigene Hagebutten-Marmelade und genießen die ausgedehnten Spaziergänge in den Nationalparks. Höhepunkt ist der Besuch des Moreno-Gletschers. Auf ihn habe ich mich vier Jahre lang gefreut. Detlef durfte dort ja schon 1994 stehen, während ich ihn bisher nur von Bildern kenne.

Ostern

In Calafate ist die Hölle los, denn die Ostergäste sind gekommen. Wir kaufen nur schnell im Ort ein, packen und flüchten in den Nationalpark. Dort wartet unser Ostererlebnis – der Moreno-Gletscher. Die Piste dorthin ist rau und schüttelt uns ganz schön durch. So wird es später als geplant und wir fahren nur bis zum ersten Aussichtspunkt. Außerdem will ich mir die erste wirkliche Begegnung für den nächsten Tag aufheben. Wir zelten wieder auf einem der kostenlosen Campingplätze im Wald. Schon während des Essens hören wir von Weitem das Krachen der abbrechenden Eisbrocken. So bleibt es die ganze Nacht und ich schlafe wenig, da ich immer wieder gebannt lausche, denn im Dunkeln wirkt alles noch gespenstischer. Es wird auch ziemlich kalt und ich ziehe mir zum ersten Mal die Fleece-Unterwäsche an. Morgens haben wir auch nur noch knappe 6° C im Zelt.

Ostersonntag

Nach einem guten Frühstück – auch ohne Osterhasen und Ostereier, denn die haben wir beide vergessen zu kaufen – hält mich nichts mehr. Nur noch sieben Kilometer trennen mich von meinem schon lange herbeigesehnten Gletscher. Und dann stehen wir oben am Parkplatz und mein Osterwunsch geht in Erfüllung. Obwohl ich noch nicht einmal hinunter bis auf den See schauen kann, bin ich schon begeistert und verliebe mich in dieses Eismeer. Wir gehen bis zum ersten Balkon und meine Augen können sich kaum lösen von dieser gewaltigen Eisfront, noch nicht einmal um weiter nach unten zu gehen, ihm sogar noch näher zu sein. Gleich in der ersten Stunde beschert er uns einen sagenhaften Abbruch an der linken Flanke. Selbst Detlef bleibt der Mund offen. Soviel hatte er '94 bei seiner ersten Argentinien/Chile-Reise in zwei Tagen nicht zu sehen bekommen. Dieser Gletscher ist einer der Letzten, die noch sichtbar wachsen. So alle zehn Minuten bricht irgendwo etwas ab und dadurch schiebt er sich bis zu einen Meter pro Tag nach vorn. Ein Alpengletscher braucht dazu mindestens ein Jahr. Auch heute knarrt und kracht es weiterhin den ganzen Tag und ich kann meinen Blick auch dann noch schwer lösen, als die Sonne schon hinter den Bergen verschwunden ist. Beim Abschied tröstet mich nur ein Gedanke: Morgen komme ich wieder.

Juli

Drei Monate später ändert sich unser Reiseleben noch einmal. Wir sind auf dem Weg hoch in die Berge, dem Altiplano. Lange haben wir beratschlagt, welche Strecke wir dafür wählen sollen. Letztendlich haben wir uns für den Weg über Argentinien entschieden und leben jetzt schon eine Woche auf über 2000 Meter Höhe und hoffen, gut genug für 3000 Meter akklimatisiert zu sein. Die Wegstrecke wird mit jedem erklommenen Höhenmeter versandeter und Detlef hat arg zu kämpfen. Auch hier wird fleißig gebaut und vielleicht ist die Strecke in einigen Jahren asphaltiert, was ihr natürlich auch einen gewissen Reiz nehmen würde. Etwas erschöpft, aber glücklich, kommen wir in La Quiaca, dem Grenzort zwischen Argentinien und Bolivien, an. Die Grenzformalitäten sind relativ human und mit Hilfe des Carnets kann Detlef sich auch wieder das Ausfüllen eines langen Formulars ersparen. Währenddessen bleibe ich bei Suzi und passe bei dem regen Grenzverkehr auf wie ein Luchs, dass nichts abhanden kommt. Nur ab und zu riskiere ich ein Auge für die Menschen, die aus einer anderen Welt zu stammen scheinen: Frauen mit Melone, Wollstrümpfen und Sandalen, bunten Kleidern und ein ebenso buntes schwer beladenes Tuch auf den Rücken geschnallt. Etwas befremdend ist es schon, aber es fasziniert mich auch. Als Detlef zurück kommt, können wir es erst so richtig begreifen: Wir haben es geschafft und stehen mit all unserem Gepäck oben auf dem Altiplano. Damit ist Detlefs größter Wunsch für diese Reise in Erfüllung gegangen. Nach 80 Kilometer kommt dann aber erst der richtige Glücksrausch, denn unsere Suzi feiert ihren 100 000. Kilometer. Ehrfürchtig schieben wir sie die letzten 100 Meter – wenn auch unter großer Anstrengung, denn wir sind mittlerweile auf einer Höhe von über 3000 Meter. Dann stoßen wir auf ihr Wohl an, auch wenn es nur einfaches Wasser mit Getränkepulver ist. Wir sind stolz auf unsere Suzi. Sie hat uns bisher wunderbar getragen und außer den normalen

Schilfgrasernte mit Schafen
auf dem Titicacasee in Peru.

Verschleißteilen haben wir nichts reparieren müssen. Außerdem erfreut sie sich auch auf dieser Höhe bester Gesundheit. Detlef hat sie aber auch durch das Tieferlegen der Schwimmernadel ab 2000 Höhenmetern gut darauf vorbereitet.

... die Lkw-Fahrer warnen uns vor viel zu viel Sand ...

Jetzt sind wir schon fünf Tage in Bolivien. Allmählich haben wir uns an das doch ganz andere Leben gewöhnt. Hier in Tupiza ist es sehr angenehm. Der Markt ist farbenfroh und mir imponieren die vielen Frauen mit den wunderschönen langen schwarzen Zöpfen, den Hüten und der bunten Tracht. Die meisten tragen ihre Kinder in Tüchern auf dem Rücken, ähnlich wie in Afrika. Gegen Abend packen wir unsere Sachen und schieben Suzi die 200 Meter bis zum Bahnhof, denn die Strecke bis Uyuni werden wir mit dem Zug zurücklegen. Sie soll zu schlecht sein, denn selbst die Lkw-Fahrer warnen uns vor viel zu viel Sand. Am Bahnhof ist schon die Hölle los und wir sind froh, durch Zufall einen japanischen Motorradreisenden zu treffen, der uns bei der Verladung behilflich ist. Detlef treibt ein langes Brett auf, denn der Gepäckwagen ist sehr hoch. Mit vereinten Kräften wird Suzi hineingeschoben und von Detlef gut mit vorher gekauften Hölzern verkeilt. Nach vier Stunden schaukelnder Fahrt kommen wir kurz vor Mitternacht im kalten Uyuni an. Wir haben uns warm angezogen, denn hier kann es nachts bis zu minus 40° C werden. Doch heute haben wir Glück, die Kälte ist erträglich. Ich erkunde gleich mit einigen anderen Reisenden das Hotel gegenüber des Bahnhofs. Es scheint auf so späte Gäste vorbereitet zu sein, denn wir werden in den Schlafraum des Hotelbesitzers geführt, können uns dort ins Buch eintragen und erhalten unsere Schlüssel. Wieder zurück am Bahnhof hat Detlef inzwischen mit Hilfe von sechs Männern Suzi aus dem über einen Meter hohen Waggon ausgeladen, denn ein Brett war nicht aufzutreiben. Die paar Meter bis zum Hotel schieben wir sie, denn in der Kälte würde sie sowieso nicht anspringen. Im Zimmer ist es ebenfalls eisig kalt und wir ziehen es vor, lieber im Schlafsack mollig warm zu liegen, als von den vielen schweren Decken des Hotelbettes erdrückt zu werden.

Ausgeruht wachen wir auf. Aber jetzt, erst fünf Minuten nach dem Aufstehen ist mir schon kalt und selbst das Wasser vom Zähne putzen gefriert im Waschbecken gleich zu Eis. Detlef kommt freudestrahlend von einem Erkundungsgang zurück und meint, wir können draußen frühstücken. Völlig fassungslos starre ich ihn an und erkläre ihn für verrückt. Wo ich doch drinnen schon so friere, soll ich mich noch draußen der Kälte aussetzen?!? Aber er hat leider recht, denn draußen scheint die Sonne und da kann man tatsächlich fast im T-Shirt sitzen. Selbst die Sonnenbrille und Sonnenmütze hole ich schon nach wenigen Minuten. Wir sind eben auf 3500 Meter Höhe. Dann packen wir das Nötigste für die nächsten zwei Tage ein und bunkern vor allem genug Wasser, denn wir wollen raus auf den Salar de Uyuni – einem großen Salzsee – und auf der Isla Pescada übernachten. Die Piste bis an den Rand des Sees ist katastrophal, das schlimmste Wellblech unserer bisherigen Reise. Am Ufer führen dann mehrere Spuren hinaus in die unendliche Weite des Sees. Aber welche sollen wir nehmen? Ich frage einen Jeepfahrer, der gerade an uns vorbeikommt. Er erklärt mir, wie wir die Insel am besten finden können. Während ich die genauen GPS-Daten der Insel programmiere und anpeile, stellt Detlef für alle Fälle auch den Kompass ein – man weiß ja nie. Und dann geht es los. Ein recht merkwürdig beklemmendes Gefühl ergreift mich. Ist die Salzdecke wirklich tragfähig genug? Kann wirklich nichts passieren? Diese und andere Fragen belasten mich auf den ersten Kilometern. Aber nach zehn Minuten siegt der Reiz des Neuen. Detlef ist ohnehin außer Rand und Band.

Auf dieses einmalige Erlebnis hat er lange gewartet. Die Kilometer rasen nur so dahin, während es unter den Reifen knirscht, als ob wir auf Schnee fahren. Nach 40 Kilometer sehen wir einen ersten dunklen Punkt in der unendlich weißen Weite. Das könnte die Insel sein. Und tatsächlich, der Punkt wird größer und nach über 70 Kilometern liegt die wunderschöne Kakteeninsel vor uns. Vorsichtig fahren wir den steilen Hügel hinauf, denn oben sieht es nach einem guten Lagerplatz aus. Wir entdecken dort auch eine kleine Hütte und ein Haus, welches in die Felsen gebaut ist. Dort wohnt seit drei Jahren Alfredo mit seiner Frau. Er heißt uns herzlich willkommen auf „seiner Insel", wie er sie liebevoll nennt und zeigt uns einen guten Lagerplatz. Kurz vor Sonnenuntergang leuchten die vielen bis zu acht Meter hohen Kakteen im goldenen Abendlicht – ein traumhafter Anblick. Aber noch ein weiteres unvergessliches Erlebnis erwartet uns an dem heutigen Tag, denn so gegen 21 Uhr holt uns Alfredo zu einem nächtlichen Spaziergang ab. Es ist inzwischen wieder empfindlich kalt geworden, aber Alfredo führt uns in zahlreiche kleine Höhlen, in denen es mollig warm ist. Eine dieser Höhlen hat er als Schlafzimmer für sich und seine Frau ausgebaut. Dann geht er mit uns auf den höchsten Punkt der Insel, vorbei an den gespenstisch wirkenden Kandelaber-Kakteen. Dort setzen wir uns windgeschützt unter einen Felsvorsprung und warten gespannt, was jetzt kommen wird. Wir sehen kaum die Hand vor Augen, als Alfredo die Taschenlampe ausmacht, nur das Weiß des Sees reflektiert ein wenig. Dann kann man am Horizont einen immer heller werdenden Punkt erkennen. Erst jetzt verrät uns Alfredo, dass wir auf den Mondaufgang warten. Allmählich haben sich unsere Augen an das Dunkel gewöhnt. Aber auch sonst wird es merklich heller und wir können uns gegenseitig im fahlen Licht wieder erkennen. Und dann taucht „La Luna" majestätisch und erhaben aus dem See hervor. Wir sind ganz still geworden, um diesen unvergessenen Anblick würdig in uns aufzunehmen. Immer höher steigt der fast volle runde Ball. Erst als die Kälte kaum noch zu ertragen ist, mahnt Alfredo zum Aufbruch. Beeindruckt gehen wir – diesmal über den See und ohne Taschenlampe – zurück zu unserem Zelt. Was für ein Tag!

... ich will weiter reisen, mehr erleben, die Freiheit genießen ...

Nach vier Wochen Aufenthalt in Ecuador wissen wir, dass das Ende der Reise nicht mehr weit ist. Wir haben zum zweiten Mal den Äquator überquert, zweimal unsere Reise um je einen Monat verlängert, jetzt zwingt uns auch der Geldbeutel zurück. Schweren Herzens organisieren wir den Rückflug für uns und Suzi. Mir bricht fast das Herz, als ich den endgültigen Rückreisetag mit meiner Unterschrift besiegele. Vor einem halben Jahr, ja damals, da wäre ich am liebsten heim geflogen. Da hatte ich die Nase voll von den trägen Latinos, dem nicht enden wollenden Ärger mit nicht angekommenen Paketen. Da wäre ich auch gerne bei meiner Mutter gewesen, der es gesundheitlich gar nicht gut ging. Aber als diese Krise überwunden ist, verspüre ich überhaupt keinen Drang mehr in die Heimat zurückzukehren. Plötzlich ist mir alles egal geworden, selbst der endgültige Verlust meines Arbeitsplatzes kann mich nicht mehr schockieren. Ich will weiter reisen, mehr erleben, die Freiheit genießen, die ich in Deutschland nie verspürt habe. In Quito haben wir uns in einer netten Pension einquartiert, wo wir sogar alte Reise-Bekannte aus der chilenischen Zeit wiedertreffen. Plötzlich stehen fünf Motorräder im Hof und unsere Reise endet mit einem schönen Motorrad-Treffen. Aber am Abflugtag rollen dann doch unkontrolliert meine Tränen. Wir machen noch einen Abstecher nach New York, bevor uns eine Maschine wieder nach Deutschland fliegt. Am Flughafen nehmen uns Detlefs Eltern in Empfang und sie haben uns ja sooo viel zu erzählen, da kommen wir gar nicht zu Wort. Dieses Verhalten spüren wir die nächsten

Wochen und Monate immer wieder. Selbst Freunde und Bekannte haben eigentlich kein Interesse, unsere Erlebnisse zu hören. Das Leben hier kommt uns so hektisch vor, es fehlt die innere Ruhe, die wir in Südamerika verspürt haben. Und so wundert es uns bald nicht mehr, dass niemand Zeit und Interesse hat, unsere neu mitgebrachten Impulse anzuhören. Einige Freundschaften zerbrechen daran, aber dafür bauen sich auch neue auf, denn auch wir machen die Erfahrung, dass man nur unter Gleichgesinnten wirklich über seine Reise reden kann. So steuern wir Globetrotter-Treffen an und halten die Verbindung zu den vielen Travellern, die wir in Südamerika kennen gelernt haben.

Der Wiedereintritt in das Berufsleben gestaltet sich auch problematischer als gedacht. Mir fällt es sichtlich schwer, wieder Musikunterricht zu geben. Und Detlefs Laborgründung zögert sich auch immer wieder hinaus, denn die Banken verweigern uns die Finanzierung. Doch eiserner Wille macht das Unmögliche möglich und wir eröffnen unser eigenes zahntechnisches Labor. Mittlerweile hat auch uns die Arbeitswelt wieder vollkommen eingeholt, aber wir sind bestrebt, unsere Weltoffenheit zu behalten und nicht mit Scheuklappen durch die Gegend zu laufen. Neue große Reisen werden wir die nächsten Jahre wohl nicht mehr unternehmen können, aber wir haben schon Ziele für vier bis sechs Wochen im Auge, wie Burma, Thailand, Laos und auch Südafrika, Namibia und Mosambique. Aber eine solche Reise wie durch Südamerika lässt sich auch nicht wiederholen. Sie wird immer einmalig bleiben. ∎

Soweit das Auge blickt: wunderschöne Berglandschaft in Ecuador.

Geografie: *Bolivien ist ein Binnenland. Es grenzt im Nordwesten an Peru, im Norden und Osten an Brasilien, im Südosten an Paraguay, im Süden an Argentinien und im Südwesten an Chile. Das weitgehend unfruchtbare Hochplateau Altiplano, eingefasst von den Anden, liegt etwa 4000 Meter über dem Meeresspiegel und macht zehn Prozent der Landesfläche aus. Etwa 70 Prozent der Bevölkerung leben hier, von denen fast ein Drittel Stadtbewohner sind. Die zweite Region ist ein fruchtbares Tal, das zwischen 1800 Meter und 2700 Meter über dem Meeresspiegel liegt. Das feucht-tropische, bewaldete Tiefland (Llano) im Osten nimmt 70 Prozent der Gesamtfläche ein. Fläche: 1 098 581 km^2; Bevölkerungszahl: etwa 8 000 000; Hauptstadt: Sucre; Verwaltungs- und Regierungssitz: La Paz.*

Klima: *Gemäßigtes Klima mit großen Unterschieden zwischen Tag und Nacht. Zwischen November und März fällt der meiste Niederschlag. Die Nordosthänge der Anden sind subtropisch. La Paz wird oft als unangenehm empfunden, da die Luft durch die Höhenlage sehr dünn ist. In den Bergen wird es nachts empfindlich kühl.*

Botschaft/Touristeninfo: *Botschaft der Bundesrepublik Deutschland:*
Avenida Arce 2395, Casilla 5265, La Paz
Tel.: 00591-2-44 00 66, 44 11 33/66; Fax: 00591-2-44 14 41.
E-Mail: germany@ceibo.entelnet.bo
Honorarkonsulate in Cochabamba, Santa Cruz, Sucre und Tarija.

Viceministerio de Turismo: Avenida Mariscal Santa Cruz,
Palacio de las Comunicaciones, Piso 16, La Paz
Tel.: 00591-2-36 74 64; Fax: 00591-2-7 46 30.
E-Mail: vturismo@mcei.gov.bo
Internet: www.seebolivia.com oder www.bolivia-travel.gov.bo

> **Tipp**
>
> Esther Gehann und Detlef Röhrig präsentieren zu ihren Reisen viele Dia-Shows.
>
> Weitere Infos unter www.dia-traeume.de

Währung: *1 Boliviano = 100 Centavos*
Fremdwährungen können in Hotels und Casas de Cambio (Wechselstuben) getauscht werden. Geld sollte nur in kleineren Mengen gewechselt werden, da der Rücktausch schwierig ist.

Einreise: *Da sich die Visabestimmungen kurzfristig ändern können, ist es ratsam, sich vor Antritt der Reise bei den zuständigen konsularischen Vertretungen nach den aktuellen Bestimmungen zu erkundigen. Ein Reisepass ist allgemein erforderlich und muss bei der Einreise noch mindestens sechs Monate gültig sein. Ein Visum ist für deutsche Staatsbürger nicht erforderlich.*

Allgemeine Infos: *Die bolivianische Landbevölkerung nennt sich Campesinos, nicht Indios. Westliche Kleidung und Essgewohnheiten werden auch langsam von den Campesinos übernommen. Bei gesellschaftlichen Anlässen ist elegantere Kleidung angebracht, ansonsten wird legere Freizeitkleidung akzeptiert. Trinkgeld: Üblich sind fünf bis zehn Prozent in Hotels und Restaurants, obwohl bereits 25 Prozent für Bedienung berechnet wird. Gepäckträger erwarten ebenfalls Trinkgeld.*

Sehenswürdigkeiten: La Paz liegt 3636 Meter über dem Meeresspiegel und ist damit der höchstgelegene Regierungssitz der Welt. Im Hintergrund erhebt sich die imposante Silhouette des schneebedeckten, 6402 Meter hohen Monte Illimani. Viele Museen, die Kathedrale und die barocke Basilika Menor de San Francisco laden zur Besichtigung ein. Interessant ist auch ein Bummel auf der Avenida 16 de Julio, der Prachtstraße der Stadt. Beliebte Ausflugsziele sind der Titicaca-See, die Yungas-Täler, der Skiurlaubsort Chacaltaya und die faszinierenden Felsformationen im Valle de la Luna („Mondtal"). Nahe dem Titicaca-See liegt Tiahuanaco, Boliviens wichtigste archäologische Stätte.

Gesundheit: Eine Impfbescheinigung gegen Gelbfieber wird von allen Reisenden verlangt, die aus Infektionsgebieten kommen. Eine Impfung empfiehlt sich ferner für Reisende, die in die Departamentos Beni, Cochabamba, Santa Cruz und den subtropischen Teil des Departamentos La Paz fahren wollen. Malariaschutz ganzjährig erforderlich für alle Regionen unter 2500 Meter; hohes Risiko besteht im Norden (Grenzbereich zu Brasilien), den Departamentos Pando und Beni, vor allem im Gebiet von Guayaramerín, Riberalta und Puerto Rico, außerdem in den tiefergelegenen Gebieten der Departamentos Tarija, Cochabamba, La Paz und im Norden von Potosí. Herzkranke sollten sich wegen der extremen Höhenlage von La Paz Zeit für die Akklimatisation nehmen. Für Notfälle steht eine amerikanische Klinik in La Paz zur Verfügung. Der Abschluss einer Reisekrankenversicherung wird dringend empfohlen.

Nähere Informationen gibt es unter www.auswaertiges-amt.de

Eisige Eroberung

**Harry Neumann und seine Frau durchquerten
die Rocky Mountains im Winter**

Kanada, wie man es sich im Winter vorstellt: grandiose Berglandschaften, gewaltige Gipfel und mächtige Gletscher, Regenbogen aus Schneekristallen bei eisigen Temperaturen, zugefrorene Seen, endlose Wälder und Weiten, unergründliche Wildnis und atemberaubende Einsamkeit. Für Harry Neumann und seine Frau Gabriele ein unvergessliches Abenteuer.

Im Winter brechen wir auf, um in dieser expeditionsartigen Tour die gesamten Rocky Mountains auf Ski zu durchqueren. Bereits die einmaligen Sonnenauf- und -untergänge beim Flug über die schneebedeckten Gletscher und unberührten Gipfel von Grönland und Baffin Island lassen uns ein Kribbeln über den Rücken laufen. Unsere Abenteuerlust ist kaum zu bremsen, wir können es nicht erwarten, in eine der schönsten Landschaften dieser Erde einzutauchen. In Banff erhalten wir alles, was wir noch an Ausrüstung benötigen, insbesondere die Gaskartuschen für die nächsten Wochen. Fast ein Jahr lang haben wir dieses verwegene Unternehmen logistisch vorbereitet. Wird es uns gelingen?

Von Canmore, dem kanadischen Alpinzentrum südlich von Banff, brechen wir an einem eisigen Wintermorgen im Dezember auf. Von den Three Sisters (2972 Meter) entlang des Bryant Creek wandern wir mit unseren Ski durch endlos erscheinende Täler über den Assiniboine Pass in Richtung Mount Assiniboine, 3618 Meter, dem Matterhorn der Rocky Mountains. Vier Tage benötigen wir, um von dort über die Sunshine Meadows, den größten Hochalmen Nordamerikas und einigen Pässen wieder das Bow Valley und den Eingang zum Johnston Canyon zu erreichen. An den Spray Lakes geht es entlang in Richtung Bryant Creek. Seen und Flüsse sind zugefroren. Im Winter gibt es keine Markierungen, keine Tafeln, die uns den Weg weisen, wir sind auf uns alleine angewiesen. Die Topographischen Karten im Maßstab 1:25000 geben uns gute Hilfen, da aber keine Wege eingezeichnet sind, sind sie im Gelände schwer zu handhaben.

Die Orientierung mit dem Kompass ist unabdingbar. Gleich am ersten Tag werden Psyche und Geduld bei Temperaturen von minus 35 Grad hart auf die Probe gestellt. Die schweren Rucksäcke tun ihr übriges. Alles, was wir in den nächsten Wochen benötigen, schleppen wir mit: vom sturmerprobten Salewa-Expeditionszelt mit Thermo-Überzelt, den für extreme Temperaturen geeigneten Daunenschlafsäcken bis zu unserer Eisausrüstung. Am schwersten wiegt trotz strengster Rationierung die Expeditionsverpflegung von Travellunch, die wir nicht mehr missen wollen. Ein Proviant Depot haben wir vorher bei Lake Louise angelegt. Ein Topf und ein Gaskocher sind für die nächsten Wochen unsere ständigen Begleiter, unsere Outdoor-Küche, die das Überleben sicherstellt.

Zehn Kilometer gehen wir das Tal hinauf, gewinnen nicht einen einzigen Höhenmeter. So sollte es uns noch öfters ergehen. Schneebedeckte Wiesen und endlos erscheinende Täler und Wälder wechseln sich ab. Nach einigen Stunden erreichen wir die Bryant Creek warden cabin (Rangerhütte), sie ist zugesperrt. Wir gönnen uns eine erste Brotzeit und orientieren uns mit Hilfe des Kompass' auf dem Weg in Richtung Assiniboine Pass. Wir müssen uns an die gewaltigen Dimensionen dieser wilden Naturlandschaft erst gewöhnen. Manchmal stehen wir vor drei Pässen und sind nicht sicher, welcher der richtige ist.

Es wird früh dunkel, das Wetter verschlechtert sich. Wir haben heute 20 Kilometer durch teilweise knietiefen Schnee zurückgelegt. Wir sind müde und beschließen, das Lager für die Nacht herzurichten. Eine Stunde brauchen wir dazu, Schneefall und Wind setzt ein. Kochstelle und Proviant müssen mindestens 50 Meter vom Zeltplatz entfernt sein, um die Bären nicht anzulocken. Auch im Winter sind wir vorsichtig, Bären halten keinen richtigen Winterschlaf. Alles, was irgendwie riecht, auch die Zahnpasta, muss jeden Abend aus dem Zelt verschwinden und wird in fünf Meter Höhe auf einem Baum aufgehangen. Es wird eisig kalt, alle Tätigkeiten müssen wir mühsam mit unseren vierlagigen Expeditionshandschuhen ausführen. Bei Temperaturen um minus 40 Grad braucht es fast eine Dreiviertelstunde, bis wir auf 2000 Meter Höhe einen Liter kochendes Wasser erhalten und voller Genuss einen Teebeutel hineinhalten können. Wir wünschen uns nichts sehnlicher, als in unsere warmen Schlafsäcke hineinkriechen zu können.

Es schneit fast die ganze Nacht. Am nächsten Morgen haben wir zunächst damit zu tun, unser Zelt mit den Lawinenschaufeln auszugraben und vom Schnee zu befreien. Der Tag beginnt mit Wasserkochen für Tee und Müsli, es ist gut, dass wir abends einige Flaschen bereits vorkochen und mit in die Schlafsäcke nehmen. Wir gewinnen somit viel Zeit und Energie in den eiskalten Morgenstunden. Im Laufe des Vormittags klart es etwas auf. Wir freuen uns, dass der Aufstieg zum Pass endlich steiler wird. Die Orientierung fällt uns nach wie vor schwer, wir sind in einer Landschaft von un-

Steckbrief

Harry Neumann (48) aus Ötzingen-Sainerholz studierte Psychologie, Pädagogik, Germanistik und Politikwissenschaften und zählt zu den besten Alpinisten und renommiertesten Bergfotografen. Harry Neumann legte weltweit rund 50000 Kilometer zu Fuß und auf Skiern zurück. Er durchquerte Kanada und Alaska zu allen Jahreszeiten, die Rocky Mountains und die Westalpen im Winter. Außerdem unternahm er zahlreiche Touren in den Alpen, Norwegen, Nepal, Karakorum, China und Südamerika. Schon seit der Kindheit war er in Gebirgen unterwegs, was sich im Laufe der Jahre immer weiter entwickelte.
Außerdem ist er ein gefragter Management-Trainer. Zu seinen bekanntesten Seminaren gehört „Abenteuer und Management".

Ein atemberaubender Anblick.
Im Bow-Tal bricht das Eis auf:
der Vermillion Lakes im Banff
Nationalpark.

glaublichen Dimensionen. Die letzten 100 Meter geht es zwischen zwei Felsbändern hinauf auf 2180 Meter. Durch eine schmale Rinne gelangen wir auf der anderen Seite wieder hinunter auf die O' Brian Meadows. Fast vier Kilometer spuren wir monoton ohne Steigung auf diesen Wiesen weiter, bis wir in einem kurzen Gegenanstieg den Mount Assiniboine (3618 Meter) erreichen: wolkenverhangen und bei immer stärker werdendem Schneefall sehen wir von diesem „Matterhorn der Rocky Mountains" so gut wie nichts. Auch vom wunderschönen Lake Magog ist nichts zu erkennen. Wir sind müde nach sieben Stunden Gehen, auch wenn wir uns gegenseitig im Spuren ablösen. Es wird dunkel. Oberhalb des Sees, so entnehmen wir der Karte, gibt es cabins, einfache Behausungen, die normalerweise im Sommer benützt werden. Bevor wir in mühsamer Kraftanstrengung unser Zelt aufschlagen, gehen wir dorthin und können es kaum glauben. Eine dieser Unterkünfte ist offen, innen befinden sich vier harte Pritschen, auf denen wir die heutige Nacht verbringen werden. Welch ein Luxus!

... mehrfach gelangen wir bei minus 50 Grad an die Erfrierungsgrenze ...

Es schneit die ganze Nacht, wir haben fast einen halben Meter Neuschnee am nächsten Morgen. An ein Weitergehen ist nicht zu denken. Zum einen wird es sehr schwer werden, den weiteren langen Weg zum Citadellpass (2360 Meter) zu finden, zum anderen schließt die Lawinengefahr ein Weitergehen aus. Wir erinnern uns, dass uns die Fähigkeit, abwarten und auch umkehren zu können, schon öfters das Leben gerettet hat. Der Erfolg unserer Unternehmungen liegt darin begründet. Mit Schneeschmelzen verbringen wir den größten Teil des kurzen Tages, um vier Uhr nachmittags wird es dunkel. Der Pfefferminztee wird zum lebensnotwendigen Getränk. Wir gießen ihn literweise in uns hinein. Wichtig ist es auch, dem Körper die notwendigen Mineralstoffe in Form von Mineraltabletten zuzuführen. Auch unser Traum, eine Winterbesteigung des Mount Assiniboine durchzuführen, geht nicht in Erfüllung. Unsere Vorräte sind eng begrenzt, nach drei Tagen brechen wir auf. Der Luftdruck steigt beständig an, so dass wir auf besseres Wetter hoffen können. Es wird zunehmend kälter. Selbst stundenlanges Gehen reicht nicht aus, um unseren Körper zu erwärmen. Mehrfach gelangen wir bei minus 50 Grad an die Erfrierungsgrenze. Die tagelangen Aufstiege in ursprünglicher Einsamkeit und Abgeschiedenheit geben uns jedoch immer wieder Mut und neue Energie. Kilometerlange, nicht enden wollende Tiefschneeabfahrten und nicht beschreibbare Ausblicke geben uns die Kraft, durchzuhalten, unser Ziel zu erreichen, die kanadischen Rocky Mountains auch unter extremen Verhältnissen zu duchqueren. Schon als wir das Valley of Rocks und das Golden Valley erreichen, zeigt sich, dass unsere Entscheidung abzuwarten richtig war.

Wie gewaltige Flutwellen sind die Schneemassen in die Täler gestürzt. Gebannt schaue ich zum Ende der Lawinen, das uns ereilt hätte, wären wir weiter gegangen. Wir sehen uns an ohne zu sprechen. Im Laufe der Zeit lernt man sich ohne Worte zu verstehen. Bergsteigen ist eine Gratwanderung zwischen Schönheit und Gefahr. Wir erreichen den Citadell Pass (2360 Meter) am frühen Nachmittag bei optimalen Wetterbedingungen, wenn wir die klirrende Kälte einmal außer Acht lassen. Zügig fahren wir in einem Traum aus Schnee und Eis in Richtung Sunshine Meadows, den größten Almwiesen Nordamerikas. Hier schlagen wir unser Lager für diese Nacht auf. Das tägliche Aufbauen des Zeltes bei manchmal starken Stürmen wird zu einem demoralisierenden Unternehmen. Fast eine Stunde brauchen wir täglich, um in den riesigen Schneemassen einen geschützten und windsicheren Zeltplatz auszuschaufeln. Wir benötigen täglich mehrere Stunden, um Essen und Tee zu kochen. Bereits beim kurzen Ausziehen der Handschuhe werden die Fingerspitzen wegen der eisigen Temperaturen weiß. Noch am Abend beschließen wir, am nächsten Morgen sehr früh auf einen der unzähligen Gipfel aufzusteigen. Ich genieße diese Bewusstseinserweiterungen beim Gehen. Gegen den eigenen Willen aus dem warmen Schlafsack herauskriechen und das Unmögliche wollen. Schritt für Schritt gehen wir heute mit leichtem Tagesgepäck hinauf in der Gewissheit, wunderbare Ausblicke vom Gipfel aus genießen zu können. Je höher wir kommen, desto stärker wird der Wind. Er peitscht uns ins Gesicht. Wir gehen 50 Meter und müssen stehen bleiben, um neue Kräfte zu sammeln. In den Mulden hat sich mehr als ein Meter verblasener Pulverschnee angesammelt. Immer wieder brechen wir knietief im gepressten Schnee ein. Die Natur zeigt uns Grenzen. Sturmhaube und Schneebrillen können nicht verhindern, dass die wie Stacheln wirkenden Eiskristalle in unsere Haut eindringen. Hinzu kommt, dass ein solcher Sturm die Lufttemperatur von minus 40 Grad doppelt so hoch erscheinen lässt. Und immer wieder motivieren wir uns durch Handbewegungen in dem festen Glauben daran, dass der Mensch vieles leisten kann, wenn er nur will. Nach sechs Stunden stehen wir oben auf über 3000 Meter: Gigantische Blicke in eisklarer Luft entschädigen uns für alle bisherigen Strapazen. Der Mount Assiniboine im Südosten, die Bugaboos und der Glacier Nationalpark mit dem Robson Pass im Südwesten, im Nordosten das 380 km^2 große Columbia Icefield und im Norden eines der schönsten Täler dieser Erde, das Bow Valley mit dem Castle Mountain. Über die gewaltigen Wächtenüberhänge des Gipfels schauen wir in alle Himmelsrichtungen. Wir sehen, woher wir kommen und wohin wir gehen werden. Was wollen wir mehr? Am nächsten Tag führt uns unser Weg weiter über den Simpson und Healy Pass zum zugefrorenen Egypt Lake und Scarab Lake – wir haben das Gefühl, hier unmittelbar nach der Schöpfung einzutreffen. Niemand vor uns, keiner hinter uns, zu zweit alleine in einer ursprünglichen Einsamkeit. Wir erinnern uns an den Sommer hier oben: Kilometerlange üppige Blumenwiesen mit kleinen Bächen, gigantischen Bergen und türkisblauen Seen.

Steil müssen wir am nächsten Tag zum Whistling Pass auf 2300 Meter Höhe, der seinem Namen mit starken Winden alle Ehre macht, hinaufspuren. Wir haben eine mittlere Lawinengefahr und beeilen uns, die neuralgischen Stellen schnell zu passieren. Man muss immer noch Reserven haben, um im Notfall an Tempo zulegen zu können. Die Skiabfahrt führt uns durch eine imposante Moränenlandschaft hinunter zum Shadow Lake, den wir nach vielen Stunden des mühsamen Spurens durch das Whistling Valley erreichen. Über dem See erhebt sich die eisgepanzerte Kalotte des 3306 Meter hohen Mount Ball, hier schlagen wir heute unser Zelt auf. Am nächsten Tag geht es sehr früh in Richtung Gibbon Pass, vorbei an den Twin Lakes wieder hinunter in das Bow Valley. Über die Moose Meadows erreichen wir den Einstieg in den Johnston Canyon. Zum ersten Mal begegnen wir hier großen Tieren: Eine stattliche Herde Elche liegt lautlos in den schneebedeckten Wiesen.

Im Nordosten erhebt sich über uns der schneeweiß gepuderte Castle Mountain (2862 Meter), eine Felsburg aus Dolomitgestein von atemberaubender Schönheit. 1000 Höhenmeter bis zum Pulsatilla Pass auf 2345 Meter stehen uns heute bevor, 1000 lange Höhenmeter auf einer Strecke von etwa 26 Kilometern. Bis zu den Lower und Upper Falls des Canyons müssen wir die Ski tragen, nach den oberen Wasserfällen weitet sich das Tal nach einem steileren Aufstieg und wir erreichen zügig die zugefrorenen Seven Ink Pots, sieben kalte Quellen, im Sommer ein beliebtes Wandergebiet. Wir genießen es, dass niemand vor uns und keiner hinter uns ist. Unterwegs in ursprünglicher Einsamkeit. Je höher wir kommen, umso großartiger werden die Blicke in das Bow Valley. In dieser ursprünglichen Einsamkeit können wir nur erahnen, dass in diesem Tal eine der „Traumstraßen" der Erde verläuft, der Icefield Parkway. Bei guter Sicht und erträglichen Temperaturen von minus 20 Grad gibt es keine Orientierungsprobleme, da uns heute der Johnston Creek den Weg nach oben weist. Wir passieren eine verlassene warden cabin, steigen beständig weiter und lassen den vereisten Luelenne Lake rechts liegen. An einigen Stellen verläuft unser Aufstieg sogar auf dem zugefrorenen Flussbett.

Nach sechs Stunden stehen wir auf dem Pulsatilla Pass (2345 Meter), es weht ein kräftiger Wind, er bläst uns ins Gesicht, wir müssen die Sturmhauben aufziehen. Es bereitet uns Schwierigkeiten, die Felle ohne Schneereste in den Rucksack zu packen. Wir spüren die körperlichen Anstrengungen der vergangenen Tage. Zum ersten Mal freue ich mich auf zu Hause, ich habe einige Kilogramm abgenommen, die Strapazen, das schwere Gewicht des Rucksacks zehrt an den Kräften und an der Motivation. Wir bestärken uns immer wieder gegenseitig weiter zu machen, nicht aufzugeben. Der Blick von hier oben ist einer der beeindruckendsten in den kanadischen Rockies. „Pulsatilla" ist der lateinische Name für die weiß blühende Anemone, die im Juli und August auf den großen alpinen Tundrawiesen Nordamerikas wächst. Welche Kontraste der Jahreszeiten! Am Wildflower Creek entlang wedeln wir 700 Meter hinunter, bis dieser in den Baker Creek mündet. Dort schlagen wir unser heutiges Lager auf. Der Wettergott meint es gut mit uns. Wir haben klirrende Kälte, an die wir uns aber mittlerweile gewöhnt haben. Die Luft ist so trocken, dass wir kaum noch frieren. Die Sicht ist hervorragend, am Himmel ist keine Wolke zu sehen. Unser Weg führt uns weiter durch die gesamte Slate Range wieder hinauf zum Baker Lake und über den Deception und Boulder Pass zum Gipfel des Whitehorn (2669 Meter). Auf dem Pass machen wir Brotzeit auf 2600 Meter Höhe. Es geht kein Wind, wir spüren die 25 Grad minus dank der Goretex-Ausrüstung nicht. Der weitere Weg über den zugefrorenen Ptarmigan See verschafft uns wunderbare Blicke auf die majestätischen Gipfel. Zwischen Ptarmigan und Redoubt Mountain gehen wir in der stillen Natur unseren Zielen entgegen.

... wir haben Freude am Gehen in dieser einsamen Wildnis, Wege, die wir gemeinsam gehen, erdulden, genießen und die uns niemand nehmen kann ...

Westlich des Skigebietes von Lake Louise erlebe ich am Nachmittag vom Gipfel des Mount Whitehorn eine meiner schönsten Skiabfahrten: in einem Traum aus trockenem Pulver, in dem sich der Ski fast von selbst dreht, geht es in der Abendsonne hinunter zum Pipestone River. Der Blick ist dabei immer auf den zugefrorenen Lake Louise gerichtet. Über dem See erhebt sich der gewaltige Viktoriagletscher, Mount Fairview und Mount Temple, der Eiger der Rocky Mountains. Über dem See und an den Felswänden haben sich senkrechte Regenbogen aus Schnee- und Eiskristallen gebildet. Ich habe das Gefühl, gleichermaßen in dieses faszinierende Naturschauspiel hineinzufließen. In solchen Momenten erfahren und begreifen wir, warum wir diese Strapazen freiwillig auf uns nehmen. Es ergreift uns eine tiefe Einheit mit der Natur. Auch die nächsten Tage auf dem legendären Weg zum Pipestone Pass in Richtung Sasketchewan River Crossing werden mir immer im Gedächtnis bleiben: wilde, schwierige Wege, die viel Orientierungs- und Durchhaltevermögen erfordern mit großartigen Blicken in die Rocky Mountains und das Bow

Dem blauen Himmel entgegen: Im Gletscherbruch des Mount Balfour.

Gabriele Mann beim täglichen Schneeschmelzen in einer Biwakhütte.

Valley hinein. Der Victoria Gletscher am Lake Louise, der Bow Summit, Mount Cephren mit dem dahinter liegenden Wapta Icefield, Sawback und Vermillion Range sowie die Winston Churchill Range sind die beherrschenden Naturerscheinungen. Heute schneit es den ganzen Tag, mit einigen kurzen Unterbrechungen überwiegend heftig. Die Schneeflocken fallen ganz dicht, die Landschaft ist ein Wintermärchen. Die zugefrorenen und verschneiten Bäche und Flüsse überqueren wir sicher und freuen uns darauf, heute Abend Nudeln zu kochen. Wir lernen wieder, mit ganz einfachen Dingen zufrieden zu sein.

Nach weiteren 100 Kilometern ständiger Aufstiege und Abfahrten durch endlos erscheinende Täler erreichen wir über das Siffleur Valley das Sasketchewan River Crossing. An weiteren vier Tagen mit klirrender Kälte ziehen wir unsere Spuren 60 Kilometer über das zugefrorene Bett des North Sasketchewan River, an zahlreichen Seen vorbei, von denen dünne Nebelschwaden und geheimnisvoller Dunst langsam nach oben steigt. Mt. Wilson, Mt. Amery, Mt. Sasketchewan, Cyrrus Mountain und Mt. Bryce stehen Spalier. Eindrücke, die bleiben. Wir erreichen am vierten Tag den 2035 Meter hohen Sunwapta Pass und sind glücklich, am Columbia Icefield fast zwei Drittel der Winterdurchquerung bewältigt zu haben. Der Anblick des gewaltigen Gletscherbruchs des Athabascagletschers, über dessen Seraczone dieses große Eisfeld erreicht werden kann, verschlägt uns die Sprache. Mount Athabasca, Mount Andromeda und Mount Kitchener sind die dominierenden Gestalten dieser einmaligen Szenerie. Wir haben eines der größten Eisfelder Nordamerikas außerhalb der Polargebiete erreicht. Von diesem eisgepanzerten

Rücken der Rocky Mountains fließen die Schmelzwasser in drei verschiedene Weltmeere ab: Pazifik, Atlantik und Nordpolarmeer. Der sogenannte Glacier Trail stellt nochmals hohe physische und psychische Anforderungen an uns. Sieben Pässe sind zu überwinden, unter anderem der Nigel Pass, Jonas Pass und der Maligne Pass. Sie liegen fast alle weit über 2000 Meter Höhe, wir haben mit den gewaltigen Schneemassen und der Lawinengefahr zu kämpfen. Besonders die letzte Etappe vom Maligne Pass durch das gleichnamige Tal bis zum Maligne Lake und zum Maligne Canyon stellen nochmals unsere Geduld auf eine harte Probe. Nach über 200 Kilometern erreichen wir Jasper, die Stadt der Trapper und Abenteurer im Norden des gleichnamigen Nationalparks.

Höhepunkt unserer Expedition ist die Durchquerung des Wapta und Waputik Eisfeldes, mit einer Fläche von 650 km² eines der größten nichtpolaren Eisgebiete der Erde, die Haute Route auf den Eisfeldern der nordamerikanischen Rocky Mountains. Bei starken Schneefällen starten Gabriele und ich unser Unternehmen über den zehn Kilometer langen zugefrorenen Peyto Lake. Durch eine tief verschneite Landschaft wühlen wir uns durch den lawinengefährdeten Peyto-Canyon und spuren hinauf über den anfangs steilen und dann flacher werdenden Peyto-Gletscher und erreichen nach acht Stunden das Wapta Eisfeld auf 2500 Meter Höhe.

Die White Hut Biwakhütte dient uns an den nächsten beiden Tagen als Ausgangspunkt für die Besteigung von Mount Rhondda, Mount Baker, Trapper Peak und Peyto Peak – gerade richtig zum weiteren Akklimatisieren. Die zweite Etappe führt uns zu einer der wenigen kanadischen Alpenvereinshütten auf den Eisfeldern. Die geradezu komfortable Bow Hütte ist an diesem Abend unsere Unterkunft. Hier oben genießen wir die einmaligen Blicke auf die Gletscherabbrüche des Wapta Eisfeldes und die Mount Crowfoot Range. Eine atemberaubende Aussicht, eine Aussichtskanzel par excellence. Wir sind da, um das Wapta und Waputik Eisfeld zu durchqueren, ein Unternehmen, dass uns fordern wird. Mir geht der Satz von Antoine de Saint Exupéry in der englischen Übersetzung durch den Kopf: „What saves us is to take a step. It is always the same step, but we have to take it". Die wenigen kanadischen Alpenvereinshütten – nur 18 in den gesamten Rockies! – sind reine Selbstversorgerhütten, unbewirtschaftet, mit nur einem Raum zum Essen, Trinken und Schlafen. Kocher, einige Töpfe und Holz sind zumeist vorhanden, alles andere, auch Gas und Benzin muss selbst mitgebracht werden. Ich träume davon, dass dies auch bei uns zu Hause so sein könnte. Wie erschlossen sind doch die Alpen mit ihren Steinmanderln! Die Hütten würden endlich wieder zu dem, wozu sie einmal erbaut wurden: zu Schutzhütten. Welche Ruhe würde endlich wieder im Gebirge einkehren!

An den folgenden Tagen schlägt das Wetter um. Orkanartiger Sturm mit Temperaturen von unter minus 30 Grad, Nebel und das gefürchtete „White out" machen die Orientierung und ein Weitergehen unmöglich. Anhaltende Schneefälle, Schneehagel und Sturm, Schneeverfrachtungen erhöhen beständig die Lawinengefahr. Wir sichern unser Zelt in einer Art Schneehöhle vor den starken Stürmen auf der ungeschützten Hochfläche. Hier oben auf der Continental Divide können brutale Stürme und Gewitter ein Weiterkommen für Wochen unmöglich machen. Jedes Eisfeld in der Nähe der Polargebiete hat sein eigenes Kleinklima. Nur wenige Kilometer entfernt kann das sonnigste Wetter sein. Wir haben keine Chance, unter diesen Umständen weiterzugehen. Bei Null Sicht würden wir niemals den Balfour High Col finden. Ausharren, in Bewegung bleiben, sich organisieren, Schnee schmelzen, essen und Ruhe bewahren sind die Parameter, die das Überleben in extremen

Traumhaftes Panorama:
Blick vom
Mount Gordon zum
Mount Balfour.

Nach Wochen im Eisbruch des Mount Balfour fragt man sich: Bist du Mensch oder Tier?

Situationen sichern. Unser Sierra Leone Zelt ist gut gesichert, wir verfügen über hervorragende Schlafsäcke und Windstopper Ausrüstung, was kann uns also passieren? Als es nach vier Tagen wieder aufklart und wärmer wird, kriechen wir morgens vorsichtig und ungläubig aus unserem Zelt heraus und besteigen bei bis zu 80 km/h starkem Sturm den Gipfel des Mount Gordon mit 3300 Meter Höhe. Je höher wir kommen, desto stärker wird der Wind. Er peitscht uns ins Gesicht. Die Eiskristalle machen auch vor unseren Sturmhauben und Masken keinen Halt. Auf dem Gipfel angelangt, verschwindet der Sturm wie durch ein Wunder genauso, wie er begonnen hatte.

... ich habe den Eindruck, mir liegen heute die ganzen Rocky Mountains zu Füßen ...

Eine solche grandiose Bergkulisse habe ich noch nie gesehen. Wir nehmen uns weinend in die Arme. Hier können keine Worte mehr beschreiben, was wir sehen. Auf dem Gipfel ist es windstill, und wir machen im Angesicht der eisgepanzerten Giganten Brotzeit auf 3300 Meter Höhe. Die Fotos werden nur einen halbherzigen Eindruck der tatsächlich hautnah erlebten Natur wiedergeben, obwohl sie für andere sicher atemberaubend sein werden. An den weiteren Tagen kämpfen wir uns dann bei viel zu warmen Temperaturen über das zentrale Wapta Eisfeld und den Vulture Gletscher in Richtung Mount Balfour und Mount Daly. Dieses mächtige Eismassiv ist ein unvergesslicher Anblick. Die Gletscherabbrüche sind gigantisch, gefährlich und ästhetisch zugleich. Die Besteigung des Mount Balfour ist die Krönung dieser Eisfelddurchquerung. Unterhalb von 3000 Metern ist es in den flachen und kilometerlangen Gletscherbecken so warm, dass der Schnee bis zu 30 Zentimeter unter den Ski stollt. Dies erschwert das Gehen ungemein, die Fußsohlen brennen schmerzlich und bluten. Wenn die Blasen aufgehen, wird das Ganze teilweise demoralisierend, zumal wir über Stunden nur wenige Höhenmeter bewältigen können. Kein Gelände ist so sehr zum Gehen geeignet wie die Eisfelder auf dieser Erde. Gehen in einer wilden, rauen, einsamen, archaischen und überwältigenden Wildnis. „Der Mensch ist von Natur aus Geher", dieser Satz begleitet und beflügelt mich seit vielen Jahren bei meinen Unternehmungen. Und wer geht, kommt schließlich auch an. Jeder, der diese Erfahrungen einmal gemacht hat, möchte sie wieder und wieder haben. Gehen als Reflektion und gleichermaßen Meditation, als Spiegel der eigenen Seele, ein Weg zu sich

**Unberührte Natur: Mit den
Skiern unterwegs
in verschneiten Tälern.**

selbst, ein Ausloten der eigenen Fähigkeiten. Bei der Besteigung des Mount Balfour (3272 Meter) zwingt uns der Chill-Effekt (subjektives Kälteempfinden) dazu, alle 30 Meter stehen zu bleiben, um neue Kräfte zu sammeln, um den Puls zu beruhigen. Wir brechen immer wieder in den gepressten und verwehten Schnee ein. Die Natur zeigt uns Grenzen, aber die Blicke vom Gipfel in der eiskalten und klaren Luft entschädigen uns für alle Strapazen.

... von hier oben haben wir einen einzigartigen und spektakulären Blick auf die riesigen Eismassen der kanadischen Rocky Mountains ...

Vor den zahlreichen Eisgipfeln liegen uns die Eisfelder mit unzähligen anderen Gipfeln zu Füßen – eine spektakuläre Hochgebirgslandschaft mit gewaltigen Dimensionen – die Haute Route auf den Eisfeldern Kanadas. Gabriele und ich sind gut akklimatisiert und täglich zwischen acht und zehn Stunden unterwegs. In den Bergen und beim Unterwegssein lernen wir wieder das Einfache, das Archaische; wir lernen, mit möglichst wenig Mitteln in einer wilden Landschaft zurecht zu kommen. Und gerade deshalb alles zu genießen. Nach zehn Tagen über die Waputik und Wapta Mountains und Eisfelder sowie der Besteigung zahlreicher Eisgipfel erreichen wir im tief verschneiten Yoho Valley den zugefrorenen Sherbrooke Lake. Das Überqueren dieses Sees ist nur noch eine Langlaufübung – „just a walk in the park", wie die Amerikaner sagen. Als wir nach den vielen Wochen der Strapazen in Eis und Fels und mit sieben Kilogramm weniger Gewicht in der ersten Blockhütte am Kamin sitzen, ist uns klar, dass es uns immer und immer wieder in die faszinierende Wildnis Kanadas ziehen wird. Wir haben die Rocky Mountains erfolgreich im Winter durchquert.

Dieses Land ist wie ein Bär: gewaltig, groß und schön. ∎

Harry Neumann und Gabriele Mann in den Weiten Kanadas.

Geografie: *Kanada umfasst den nördlichen Teil des nordamerikanischen Kontinentes, ausgenommen Alaska im Nordwesten. Im Nordosten ist Grönland der Küste vorgelagert, im Westen der Pazifik und im Osten der Atlantik. Im Süden bildet der 48. Breitengrad die Grenze zu den USA. Die Polkappe liegt im Norden. Arktische Tundra bestimmt den Norden Kanadas; die Landesmitte besteht aus dem Weizenanbaugebiet des Laurentischen Tafellandes. Im Westen liegen die Rocky Mountains und im Südosten die große Seenplatte, der St. Lawrence River und die Niagara-Fälle. Das Land ist in zehn Provinzen und drei Territorien aufgeteilt. Gesamtfläche: 9 970 610 Mio. km²; Landfläche: 9 215 430 km²; Binnengewässer: 755 180 km²; nach Russland das zweitgrößte Land der Erde, im Verhältnis zu Deutschland 28 Mal so groß; Bevölkerung: etwa 29 Mio.. Kanada gehört zu den am dünnsten besiedelten Staaten der Erde.*

Klima: *Bezeichnend für Kanadas Klima ist seine Verschiedenheit. Temperaturen und Niederschlagsmengen unterscheiden sich je nach Region und Jahreszeit. Im hohen Norden liegen die Temperaturen nur für wenige Monate im Jahr über dem Gefrierpunkt. Doch die meisten Kanadier leben im Süden des Landes innerhalb eines 300 Kilometer breiten Streifens entlang der Grenze zu den USA. Dort dauert der Winter höchstens fünf Monate. Der Frühling ist mild, der Sommer heiß und der Herbst angenehm frisch.*

> **Tipp**
>
> *Seine Erlebnisse schildert Harry Neumann in zahlreichen Publikationen, in vielen Rundfunk- und Fernsehsendungen sowie in verschiedenen Multivisions-Dia-Vorträgen.*

Botschaft/Touristeninfo: *Canadian Tourism Commission (Marketing Europe)*
235 Queen Street, 8th Floor West, Ottawa, Ontario K1A 0H6
Tel.: 001-613-946 10 00; Fax: 001-613-954 39 64.
E-Mail: ctc_feedback@businteractive.com
Internet: www.travelcanada.ca

Botschaft der Bundesrepublik Deutschland
1 Waverley Street, Ottawa, Ontario K2P OT8, PO Box 379, Postal Station A, Ottawa, Ontario K1N 8V4
Tel.: 001-613-232 11 01; Fax: 001-613-594 93 30.
E-Mail: 100566.2620@compuserve.com
Internet: www.GermanEmbassyOttawa.org

Währung: *Kanadischer Dollar; Euroschecks haben keine Gültigkeit.*

Einreise: *Ein Reisepass ist allgemein erforderlich, muss noch mindestens einen Tag über den Aufenthalt hinaus gültig sein. Deutsche Staatsbürger benötigen kein Visum.*

Allgemeine Infos: *Amtssprachen sind Englisch und Französisch. Spirituosen können nur in besonderen Spirituosengeschäften oder in Restaurants gekauft werden, die die Bezeichnung „Licensed Premises" tragen. Viele Restaurants gestatten ihren Gästen, eigenen Wein oder Bier*

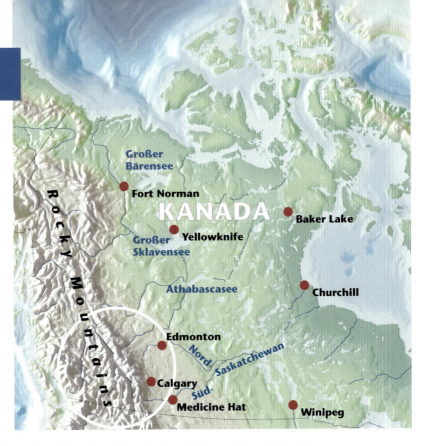

mitzubringen. In den meisten Hotels, Restaurants und Bars gibt es eine gute Getränkeauswahl. Europäische und amerikanische Weine und Spirituosen werden angeboten, Kanadier ziehen jedoch meist ihren Rye Whisky (Roggenwhisky) vor. In den Bars wird am Tisch oder am Tresen bedient, man bezahlt in der Regel jedes Getränk einzeln. Die Ausschankzeiten sind von Provinz zu Provinz verschieden, ebenso das Mindestalter für den Alkoholkauf (18 bzw. 19 J.).

Sehenswürdigkeiten: Kanada bietet eine riesige Auswahl an Sehenswürdigkeiten, von Großstädten wie Montréal und Toronto im Süden bis zu abgelegenen Inuit- (Eskimo-) Dörfern an den Ufern der Hudson Bay. Die kontrastreichen Küsten des Atlantik und Pazifik und die vielen Seen und Flüsse des Landesinneren bieten ausgezeichnete Fischgründe und Wassersportmöglichkeiten. In den Rocky Mountains und anderen Gebirgszügen kann man atemberaubende Landschaften erkunden. Einige der schönsten Urlaubsziele befinden sich in den Nationalparks, in denen das Wild und die Wälder in ihrer ursprünglichen Form erhalten werden. In den Parks im Norden gibt es nur die allernotwendigsten Einrichtungen für Exkursionen in die raue Schönheit der unberührten Wildnis. In Mittelkanada kann man den Geschmack des Pionierlebens in den reichen Farm- und Getreideanbaugebieten nachempfinden. Im Norden liegen das Yukon Territory und die Northwest Territories.

Gesundheit: Die medizinischen Einrichtungen sind ausgezeichnet. Erste-Hilfe-Ausrüstung sollte in die abgelegenen nördlichen Landesteile mitgenommen werden. Der Notdienst ist unter der Telefonnummer „911" zu erreichen. Eine Reisekrankenversicherung ist absolut notwendig, da die Krankenhauskosten hoch sind.

Nähere Informationen gibt es unter www.auswaertiges-amt.de

Gefährliches Pflaste

**Manfred Schulze umrundete
mit zwei Pferden die Welt**

Von Deutschland nach Polen, durch die Ukraine, Südrussland, Kasachstan, Mongolei, China, Südkorea, durch die USA, und über Holland wieder zurück: In viereinhalb Jahren legte Manfred Schulze mit seinen treuen Pferden Panca und Puschkin rund 17500 Kilometer zurück. Dabei erlebte er viele spannende, aber auch gefährliche Abenteuer – wie in Russland.

Es ist das zweite Jahr dieser Reise und wir kommen gut voran. „Wir", dass sind meine zwei Pferde „Panca" und „Puschkin" und ich. Zusammen sind wir auf dem Weg, als erstes Team dieser Art die Erde zu umrunden – von Geisenheim im Rheingau nach Osten und zurück nach Geisenheim von Westen. Ein Begleitfahrzeug fährt voraus, gesteuert von Einheimischen. Viel Trinkwasser und Kraftfutter für die Pferde, aber auch Hufeisen, Amboss und vieles mehr hat es zu transportieren. Diesmal sind es Ljoscha aus Leninsk in Südrussland und Iwan aus Ternopol in der Ukraine, die ich unterwegs anheuerte.

Endlich ist Orsk in Sicht, eine größere Stadt, die ich gern heute noch hinter mich bringen würde. Meine Hoffnung jedoch, dass wir diese Stadt nur am Rande streifen, erweist sich als frommer Wunsch. Durch enge Straßenfluchten müssen wir, und wie immer ist der Verkehr gewaltig und hektisch. Auf Pferde oder Reiter wird hier in Russland keine Rücksicht genommen. So sitze ich besser ab und führe die Pferde. Puschkin trottet hinter Panca her, als sich eine große Dogge kläffend von hinten nähert. Ihr Besitzer ruft sie zwar sofort zurück, jedoch vergebens. Schon sind ihre Zähne nur noch Zentimeter von Puschkins Hinterläufen entfernt. Der dreht gelassen den Kopf und blitzschnell folgt nun der Tritt mit der linken Hinterhand. Das Aufheulen des Hundes zeigt, dass Puschkin getroffen hat. Armer Hund, tapferer Puschkin!

Es ist schon spät, als wir endlich die Stadt hinter uns haben. Nun brauchen wir wieder schnell ein Quartier. Dort sehen wir hinter einer großen Wiese ein paar Häuser. Sie ducken sich unter großen Bäumen. Vielleicht dort? Ich reite querfeldein, das Gespann muss auf der Straße bleiben. Sicherlich gibt es einen Weg zu dieser Siedlung weiter unten von dieser Straße. Starker Wind ist inzwischen aufgekommen, er treibt bereits Papier- und Plastikfetzen vor sich her, die hier als Müll abgeladen werden: eine Unart hierzulande, wie ich sie immer wieder vorfinde. Schon werden die Pferde unruhig und ich lasse sie laufen, damit wir diese Wiese schnell hinter uns bringen. Etwas weht gegen Pancas Vorderhuf und in Boxermanier wirft sie die Hufe gleichzeitig nach vorn, es abzuwehren. Aus dem Wind wird Sturm: nichts wie weg! Im Galopp setzen wir über einen Bach und sind endlich hinter schützenden Bäumen und Zäunen. Doch das Gespann ist nirgends zu sehen. Ich durchstreife die Siedlung: nichts. Deshalb wieder zurück in Richtung Straße – endlich sehe ich das Gespann. Es steckt fest. Ljoscha ist übermütig geworden und hat den Asphalt verlassen, ohne sich die Piste zur Siedlung vorher anzusehen. Die ist so aufgeweicht und von großen Pfützen übersät, dass er nun wieder einmal viel Arbeit hat, um herauszukommen.

Dabei ist auf der anderen Straßenseite eine geradezu komfortable Parkmöglichkeit in einer ungenutzten, asphaltierten Bucht. Daneben die Böschung und unterhalb eine herrliche Weide. Noch immer stürmt es wütend und die Pferde sind weiter unruhig, trotz des Baumgürtels, der ihnen Schutz bietet. Deshalb führe ich sie am Seil auf die Weide und Iwan baut eine große Koppel um uns herum. Dann hilft er Ljoscha, das Gespann wieder flott zu machen, und bald ist unser gemeinsames Camp errichtet.

Ein harter Tag war das und ich verkünde, dass morgen der längst fällige Ruhetag sein soll. Noch immer stürmt es, als ich in der Finsternis noch einmal in die Koppel steige. Panca ist nicht wie sonst immer für Streicheleinheiten zu haben und wendet sich ab. Der Sturm ist vielleicht Schuld daran, beide sind noch immer nervös. Auch Puschkin wirft unwillig seinen Kopf zur Seite und trifft mich damit an meinem rechten Wangenknochen. Es ist ein gewaltiger Schlag und schimpfend trete ich ihm ins Hinterteil. Sofort erkennt er meine Rangordnung an, wendet sich ab und trottet davon.

Wochenlang trage ich nun ein mächtiges Veilchen zur Schau, das rechte Jochbein ist stark geschwollen. Ist es wirklich nur der Sturm, der die Pferde so unruhig sein lässt? Schließlich sind sie es auch am nächsten Tag noch, obwohl das Wetter besser geworden ist. Oder spüren sie die jüngste Vergangenheit dieses unseligen Platzes? Ein neugieriger Besucher erzählt uns, dass hier kürzlich ein Mord geschah. Am Rande der Weide, auf der die Pferde jetzt stehen, nur dreißig Meter vom Gespann entfernt, hatte man kürzlich einen Mann mit durchschnittener Kehle gefunden. Nicht nur die Pferde fühlen sich hier sichtlich unwohl, auch mich bedrückt etwas Undefinierbares.

Sehr früh am Morgen hält ein Auto bei uns. Zwei junge Männer drücken ihre Nasen an alle Scheiben, um in unser Schlafgemach

Steckbrief

Manfred Schulze (59) wuchs in der Nähe von Cottbus auf. Pferde waren von Kindheit an sein Hobby.
Drei Wochen vor dem Mauerbau floh Manfred Schulze in den Westen. Er fuhr zur See, gründete eine Familie und baute sich eine kleine Firma in Geisenheim auf. Aber immer nur an einem Ort, tagein und tagaus derselbe Trott, stellten ihn auf Dauer nicht zufrieden. Deshalb startete er zu einem Abenteuer, das vor ihm noch keiner gewagt hatte.
Manfred Schulze war fast heimlich aufgebrochen, die Erde mit zwei Pferden zu umrunden. Niemand hielt ein Gelingen für möglich und auch er hatte seine Zweifel. Nach gut vier Jahren fand die Reise um die Welt ihren Abschluss mit dem Rückkehr von Manfred Schulze in seine zweite Heimatstadt Geisenheim/Hessen. Seine Tochter Dannia begleitete ihn die letzte Strecke. Mehr als 1000 Zuschauer begrüßten Manfred Schulze begeistert.

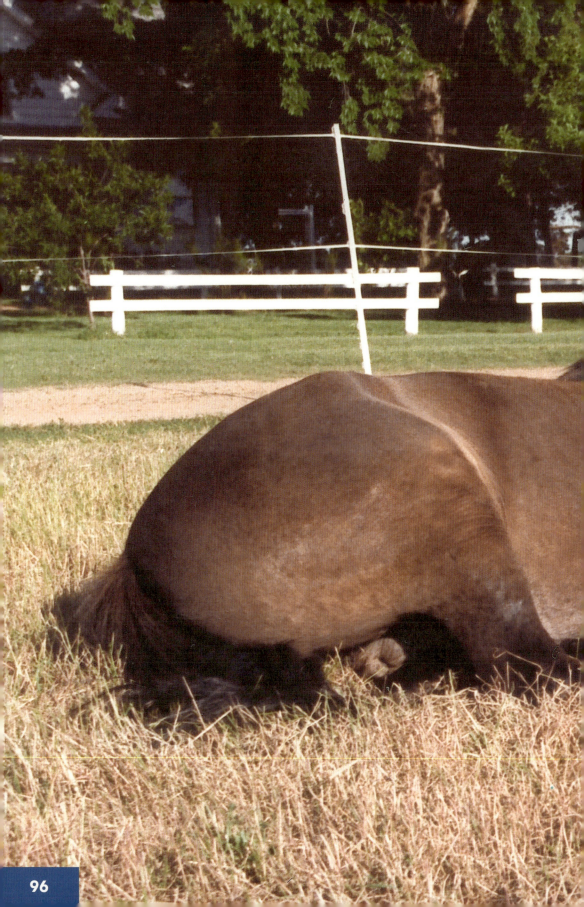

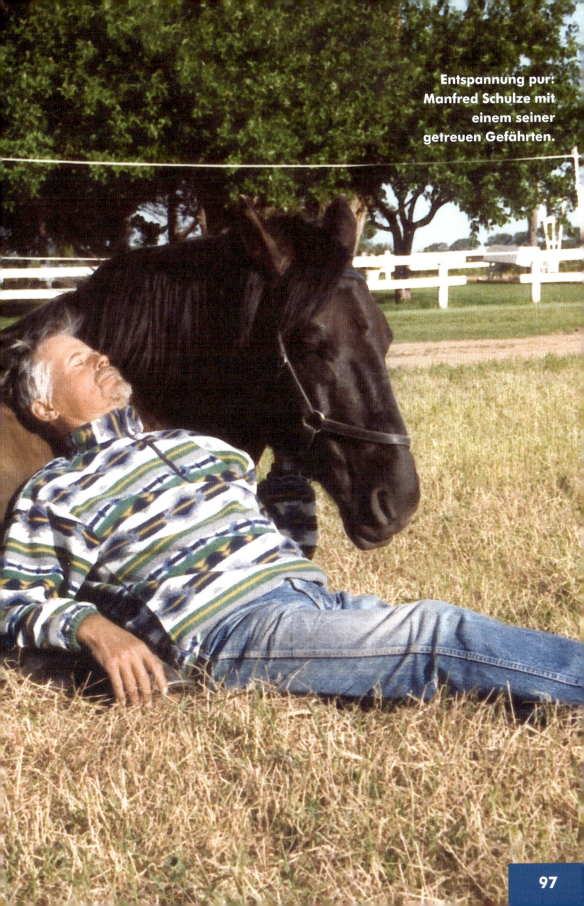

Entspannung pur: Manfred Schulze mit einem seiner getreuen Gefährten.

hineinzugucken. Wir haben noch geschlafen, sie klopfen trotzdem ungeniert ans Auto und fordern uns auf, zu öffnen. Iwan macht die Schiebetür auf, sofort steigen sie herein. Nun fragen sie Iwan frech nach Geld. So viel kann ich trotz meines schwachen Russisch erkennen. Iwan erklärt ihnen die Expedition. Nun werden sie freundlicher und verabschieden sich schließlich mit Handschlag und guten Wünschen. „Das war Mafia", meint Iwan, nun doch sehr blass geworden. „Nein, nein, das waren Recketts", berichtigt Ljoscha und klärt uns auf: Junge Männer schließen sich zu zwei- bis fünfköpfigen Gangs zusammen, um an vielbefahrenen Straßen Autos zu stoppen. Unter Gewaltandrohung erpressen sie Geld, denn Autobesitzer müssen Geld haben. Sie behaupten zwar, dieses Geld gehe an Bedürftige und Institutionen wie Kindergärten, aber dies stimme natürlich nicht. Es soll der Angelegenheit nur einen humanen Hintergrund verleihen. Fast immer seien diese Männer bewaffnet und sie schrecken auch nicht vor Gewalt zurück; nicht selten käme es zu Morden. Besonders in der Nähe von Großstädten und Ballungsgebieten treiben sie ihr Unwesen, die einzelnen Gangs arbeiten sogar zusammen. Wer gezahlt hat, erhält einen handgeschriebenen Zettel, den er bei eventuellen weiteren Stopps vorzeigen kann, um nicht noch einmal zahlen zu müssen. Die Polizei steht diesem Unwesen machtlos gegenüber, nicht selten bessern die Beamten sogar ihr dürftiges Gehalt auf, indem sie die Recketts decken. Kaum sind wir mit dem Frühstück fertig, erhalten wir noch einmal Besuch. Wieder von einer Zweier-Gang. Das vorige Erlebnis hat nun meine Sinne hierfür geschärft, mir aber auch Selbstbewusstsein eingeflößt. Tatsächlich gelingt es mir, diesmal mit freundlich-unbeugsamem Entgegentreten, auch diese beiden unbehelligt loszuwerden.

Am späten Nachmittag sind wir mit Reinigungsarbeiten beschäftigt. Drüben am Straßenrand hält ein blauer Lada und vier Männer steigen aus. Sie stoppen gerade eine Lkw-Kolonne von vier Fahrzeugen. Zunächst beachten wir sie gar nicht. Hinter dem vorderen Lkw versammeln sich die Männer und die Trucker. Dort wird diskutiert, bemerke ich nebenbei. Als die Stimmen immer lauter werden, erhöht sich unsere Aufmerksamkeit. Dann kommt einer der vier Lada-Männer zu uns herüber und beginnt, meine Begleiter auszufragen. Ein weiterer kommt hinzu. Auch er noch sehr jung, vielleicht Anfang zwanzig, doch unsympathisch und verschlagen. Beide stehen offensichtlich unter Alkohol, doch dies ist hier nie ungewöhnlich. Sie sind mir unangenehm, wenngleich nicht unfreundlich – schließlich stören sie ja unsere Arbeit. Gerade gehen die acht Trucker schimpfend zu ihren Fahrzeugen zurück und endlich setzt sich die Kolonne wieder in Bewegung.

... der Rausch dieser Leute birgt eine besondere Gefahr ...

Nun kommen die übrigen Lada-Männer zu uns herüber, unter ihnen der Wortführer, wie an seinem überheblich-aggressiven Verhalten unschwer zu erkennen ist. Er lässt sich von seinen Kumpanen kurz unterrichten und wendet sich sofort schroff an Iwan. Ich stelle mich neben Iwan und der übersetzt mir nun, sichtbar blass geworden, die Forderung: Ich müsse für die Benutzung dieser Straße bezahlen. Alle vier, fällt mir nun an ihren Pupillen auf, stehen unter Drogen. „Schon wieder Recketts!", schießt es mir durch den Kopf. Stark geworden durch die vorherigen Erlebnisse rede ich mir nun ein: „Ruhe bewahren!" Doch diesmal ist die Situation anders. Der Rausch dieser Leute birgt eine besondere Gefahr. „Rubel! Dawai!", sagt der Wortführer erneut und immer erregter. Ganz nah tritt er vor Iwan. Die anderen drei stehen im Halbkreis um uns. Ljoscha, dieser kräftige Kerl, der immer mit seiner Rauflust prahlte, hat sich klammheimlich zurückgezogen. Vielleicht, weil er die wahre Gefährlichkeit der Situation erkannt hat? Iwan

Eine Begegnung der besonderen Art.

Der Ritt durch die Einsamkeit.

Manfred Schulze im Haus eines mongolischen Viehzüchters.

Gastfreundschaft wird bei den Nomaden groß geschrieben. Zur Begrüßung gibt es vergorene Stutenmilch (Airag).

jedoch ist tapfer und weicht keinen Schritt zurück. Aber ängstlich und verunsichert sieht er mich mit kalkweißem Gesicht und großen Augen an. Ich trete noch enger an ihn heran – unsere Schultern berühren sich – und sage ruhig : „Njet". Ich sehe deutlich den Zorn in unserem Gegenüber aufsteigen. Immer wieder wirft er sich einen Sonnenblumenkern in den Mund, kaut hastig, trennt längst nicht mehr die Schale vom Kern. Schalenhälften und zerkaute Kernstücke kleben überall um seinen wutverzerrten Mund. Während er sich nun mir zuwendet und sein Gesicht dem meinen nur noch wenige Zentimeter entfernt ist, kreischt er vor Erregung und schreit mir hastig unverständliche Sätze entgegen. Er schäumt vor Wut und zerkaute Sonnenblumenkerne landen in meinem Gesicht. Ich habe das Gefühl, als würde sich mein Über-Ich von mir trennen und im Hintergrund stehend die Szenerie beobachten. Seltsamerweise empfinde ich keinerlei Angst und bin ganz ruhig. Iwan übersetzt, ich müsse zahlen, die Reise sei sonst hier beendet. Das Geld werde für inhaftierte Freunde gebraucht und habe sozialen Charakter. Ruhig erkläre ich, dass ich für die Reise durch Russland bereits entsprechende Gebühren bezahlt habe und meine Reisekasse derlei Sonderausgaben leider nicht zulasse. Dabei sehe ich dem Wortführer ruhig in die Augen und weiche keinen Zentimeter zurück. Auch nicht, als sich seine Nasenspitze der meinen nun bis auf wenige Millimeter nähert. Er will mich einschüchtern und wenn er dies schafft, bin ich seiner Willkür ausgeliefert.

Diese Erkenntnis ist der halbe Sieg. Ich muss ruhig und selbstbewusst bleiben, darf selbst keine Aggression entwickeln, sonst eskaliert die Situation. Nun brüllt er abermals: „Rubel! Dawai!" Seine Augen bohren sich in die meinen, ich zucke nicht. Sage stattdessen, dass ich Verständnis für seine Forderung und die Situation hier in Russland habe, ihm aber leider nicht helfen könne. Iwan übersetzt. Plötzlich bemerke ich die Begleiter meines Gegenüber unsicher werden. Verlegen treten sie zurück und einer versucht, den Wortführer zu beschwichtigen. „Ich habe gewonnen!", juble ich bereits insgeheim, doch die Gefahr ist noch nicht gebannt. Der Kerl tobt noch immer, will sich einfach nicht beruhigen lassen. Nun greift er in seine Jackentasche, zieht einen Stift und ein Stück Papier heraus und geht zu meinem Auto. Er versucht, die Schiebetür zu öffnen, will hinein.

Ich werde zahlen müssen, er werde mir dafür einen Kupon schreiben, damit ich dann freie Weiterfahrt habe, sagt er bestimmt. Gelassen trete ich vor ihn hin, versperre ihm den Weg. „Iswinitje, njet!", beharre ich. Wieder streckt er sich, sein Gesicht läuft rot an.

Doch bevor er nun zu schreien beginnt, zieht ihn einer seiner Begleiter am Arm zur Seite. Unwirsch wehrt er den ab, will nachsetzen. Doch ich gehe nun ruhig zur Straße hinüber. Ein Auto nähert sich und ich mache Anstalten, dieses zu stoppen. Jetzt steigen alle Vier endlich in ihren Lada, den sie anschieben müssen, um in Richtung Stadt davonzufahren. Große Erleichterung bei meinen Begleitern, auch Ljoscha kommt nun wieder hinzu. Noch immer aufgeregt, doch lachend, will die fröhliche Schwatzerei kein Ende nehmen. Ljoscha zeigt uns, wie er den Wortführer beinahe zusammengeschlagen hätte. Iwan aber ist sicher, dass die Lkw-Fahrer von vorhin bezahlt hätten: 400 000 Rubel, also etwa 120 Mark – für Russen eine Menge Geld! Das verstehe ich zunächst nicht, zumal sie zusammen acht kräftige Männer waren. Sind vielleicht doch Waffen im Spiel gewesen? Aber warum haben sie die mir nicht unter die Nase gehalten? Wie vor diesem Zwischenfall schon öfter und auch danach nicht gerade selten hatte ich wohl wieder mal einen oder mehrere starke Schutzengel an meiner Seite. Und kann mit meinen treuen Pferden die Reise unbeschadet fortsetzen. ▮

Auf acht Hufen um die Welt: Manfred Schulze mit Puschkin und Pancas.

Geografie: *Die Russische Föderation ist das größte Land der Erde und reicht von Moskau im Westen über den Ural und die Sibirische Steppe zum Ochotskischen Meer und Beringmeer im Osten. Das riesige Land grenzt an Finnland, Estland, Lettland, Litauen, Polen, Weißrussland, die Ukraine, Georgien, Aserbaidschan, Kasachstan, die Mongolei, Nord-Korea und China. Die Grenze zwischen dem europäischen Russland und Sibirien (Asien) liegt am Uralgebirge, beim Fluss Ural und der Tiefebene von Manych. Das europäische Russland erstreckt sich vom Nordpolarmeer über Zentralrussland zum Schwarzen Meer, dem Kaukasus und dem Kaspischen Meer. Der größte Teil der Russischen Föderation liegt jedoch in Asien. Sibirien reicht von der Westsibirischen Steppe und dem Zentralsibirischen Plateau zwischen Jenisej und Lena sowie den Gebirgszügen Sajan, Jablonovyi und Stanovoj im Süden bis zu den Ostsibirischen Bergen zwischen Lena und der Pazifikküste, einschließlich der Halbinseln Chukot und Kamtschatka.*
Fläche: 17 075 400 km^2; Bevölkerungszahl: etwa 150 000 000; Hauptstadt: Moskau.

Klima: *Nord- und Zentralrussland: Große jahreszeitliche Schwankungen. In Nordrussland sind Frühling und Herbst kühler als in Mitteleuropa. Im äußersten Norden streng polares Klima. Milder ist es an der Ostseeküste.*
Südrussland: Kürzere Winter als im Norden. In den Steppen (Südosten) heiße, trockene Sommer und sehr kalte Winter. In der nördlichen und nordöstlichen Schwarzmeer-Region sind die Winter mild. Hohe Niederschlagsmenge das ganze Jahr über.
Sibirien: Sehr kalte Winter; angenehme, kurze Sommer mit zahlreichen Niederschlägen. Frühjahr und Herbst deutlich kühler als in Mitteleuropa.

Buch-Tipp

Manfred Schulze
„Mit zwei Pferden um die Welt"
336 Seiten, 25 Euro

Bestellung über
www.weltumreiter.de

Botschaft/Touristeninfo: *Botschaft der Bundesrepublik Deutschland*
Mosfilmowskaja 56, RF-119285 Moskau
Tel.: 007-95-937 95 00; Fax: 007-95-938 23 54.
E-Mail: germanmo@aha.ru; Internet: www.germany.org.ru
Generalkonsulate in Nowosibirsk, Saratow und St. Petersburg.

Ministry of Tourism: 18 Ul. Kazakova, RF-103064 Moskau
Tel.: 007-95-202 71 17, 202 38 91; Fax: 007-95-263 07 61.

Währung: *Rubel*
Fremdwährungen sollten nur in offiziellen Wechselstuben und Banken umgetauscht werden. Jeder Geldwechsel muss auf dem Deklarationsformular vermerkt werden, und alle Quittungen sollten bis zur Ausreise aufbewahrt werden. Geldwechsel außerhalb der Bankzeiten ist in internationalen Hotels und am Moskauer Flughafen Scheremetjewo möglich.

Einreise: *Die Einreisebestimmungen können sich kurzfristig ändern, deshalb ist es ratsam, sich rechtzeitig direkt bei den konsularischen Vertretungen zu erkundigen. Reisepass:*

Allgemein erforderlich, muss mindestens noch drei Monate über die geplante Aufenthaltsdauer hinaus gültig sein. Kinder, die nicht im Pass der Eltern eingetragen sind, benötigen einen Kinderausweis mit Lichtbild und müssen einen eigenen Visumantrag einreichen. Ein Visum ist allgemein erforderlich.

Allgemeine Infos: Eines der berühmtesten russischen Gerichte ist Borschtsch, eine Suppe aus roter Beete, die heiß mit saurer Sahne serviert wird und ähnlich wie Akroschka (kalte Kwas-Suppe) schmeckt. Boeuf Stroganow (geschnetzeltes Rinderfilet in saurer Sahne geschmort), Blini (Pfannkuchen meist mit Kaviar oder Lachs und saurer Sahne serviert), Aladyi (süße Blini mit Marmeladenfüllung) und Ikra oder Krasnaja Ikra (schwarzer oder roter Kaviar) sind weltweit bekannt.

Sehenswürdigkeiten: Sibirien, das sind über 12,8 Mio. km² endloser Taiga und riesiger Wälder. Hier gibt es eine Million Seen und 53 000 Flüsse. Eine Fahrt mit der berühmten Transsibirischen Eisenbahn auf der längsten Bahnstrecke der Welt gehört zu den großen Reiseabenteuern dieser Erde.

Gesundheit: Die ambulante Behandlung ist in der Regel kostenlos, es sei denn, es handelt sich um ernstere Probleme. Der Abschluss einer Reisekrankenversicherung wird empfohlen. Bezahlung nur in Devisen. Gleiches gilt für das American Medical Center und das International Health Care Center in Moskau.

Nähere Informationen gibt es unter www.auswaertiges-amt.de

Blauer Himmel und

Renate Eulenbruch erlebte Vietnam
in seiner ursprünglichen Form

grüne Hölle

Das Land steht heute noch als Synonym für einen grausamen Krieg. Fast 60 000 Amerikaner ließen in der grünen Hölle rund um den Mekong ihr Leben. Fast drei Jahrzehnte nach Ende eines langjährigen Gemetzels kehrt Vietnam langsam zurück in die Normalität. Renate Eulenbruch erlebte auf ihrer Reise mit Hindernissen ein faszinierendes Land im Aufbruch zwischen Kommunismus und Konsum, Pagoden und Palästen, Reisfeldern und Riesentürmen. Das Abenteuer begann schon mit der Abreise...

Eine Rundreise durch Vietnam??? Kaum spricht sich unser Entschluss im Bekanntenkreis herum, schaut man mich an, als wolle ich mit Stahlhelm, Gewehr und Kampfstiefel in den Krieg ziehen. So sehr haben sich auch noch fast 3o Jahre nach Kriegsende die Berichte und Fotos, die damals die Welt erschütterten, im Gedächtnis festgesetzt. Aber statt Kampfanzug kann ich heute – Gott sei Dank – meinen Koffer mit luftiger Sommerkleidung, den nötigsten Reiseutensilien und vielen Träumen füllen und mich mit meinem Mann in den nächsten Flieger setzen.

Was wäre eine Reise ohne die kleinen Begebenheiten am Rande, die man nicht buchen kann, die nichts außer Nerven kosten, die jedoch für immer im Gedächtnis haften bleiben. Unsere Reise beginnt mit Hindernissen: Wegen Nebels steht unser Flugzeug nicht in Frankfurt, sondern in Amsterdam. In Singapur hatte die Maschine vor Abflug einen Triebwerkschaden. Eine weitere muss ebenfalls erst repariert werden. Um die Wartezeit zu überbrücken, verteilt das nette Personal Mitteilungszettel, mit denen man die nächsten Angehörigen verständigen kann. Leicht beschleicht mich der Gedanke, ob das wirklich nur eine freundlich gemeinte Meldung über die Verspätung oder eher ein Abschiedsbrief werden soll... Erfreulicherweise kommen wir immerhin mit der dritten Maschine und stundenlanger Verspätung in Hanoi an.

Bei der Passkontrolle müssen ellenlange Formulare, Zollbescheinigungen und Einfuhrerklärungen für Foto- und Videogeräte mit 1000 Fragen ausgefüllt werden, aber ansonsten verläuft die Einreise – trotz genauer Gesichtskontrolle – sehr zuvorkommend und ohne Probleme. Die Hitze und hohe Luftfeuchtigkeit, die uns nach dem Verlassen des klimatisierten Flughafengebäudes wie ein Hammer entgegenschlägt, gibt uns den Rest. Wir fallen erschöpft, aber auch erleichtert in die Hotelbetten. Eine größere Verschnaufpause ist uns allerdings nicht vergönnt. Am nächsten Morgen, zu nachtschlafender Zeit, bleiben wir auf dem Weg zum Frühstücksraum mit dem Fahrstuhl stecken. Er stellt seine Tätigkeit als Beförderungsmittel ohne Vorankündigung ein, nur die Alarmknöpfe geben anfangs noch quälende Laute von sich. Danach wird es stockdunkel, die Klimaanlage fällt aus und innerhalb kürzester Zeit ist die Luft zum Schneiden dick. Totenstille erfüllt den engen Raum, nur das Ticken der Uhren lässt erkennen, dass die Zeit doch weiter läuft. Ein schmächtiger Boy versucht zunächst, mit seinen kleinen, dünnen Fingern ein Luftloch in den Türgummi zu bohren, was er aber bald mangels Erfolg aufgibt. Aus der tiefen Dunkelheit erklingen jedoch seine tröstenden Worte: „Es ist ein guter Aufzug, er kommt aus Deutschland." Selbst diese Gewissheit kann uns nicht mehr sichtbar erheitern, denn der langsam tropfende Schweiß wird davon auch nicht kühler. Nach endlos lang erscheinender Zeit werden wir von unsichtbaren Kräften hochgekurbelt, und als sich die Tür ein Stückchen aufschieben lässt, können wir irgendwo zwischen den Stockwerken rausklettern. In den nächsten Tagen nehmen wir lieber die Treppe...

Hanoi hat sich sicher seit 1954, dem Jahr der kommunistischen Machtergreifung, nicht wesentlich verändert. Spürt man dort auch nicht so sehr die Unbeschwertheit des Südens, so ist sie doch eine der anziehensten Metropolen: ruhiger, erholsamer als Ho-Chi-Minh-Stadt – mit weniger Lärm und Luftverschmutzung. Und mit herrlichen Bauten aus der französischen Kolonialzeit, viele Pagoden, Museen, Parks mit kleinen Seen zum Ausruhen und breite Alleen sowie alte Kulturstätten. Eine Touristenattraktion ist der Bezirk der 36 Straßen, dessen Geschichte bis ins 15. Jahrhundert zurückreicht. In jeder Gasse hat sich ein anderes Handwerk angesiedelt. Man findet Töpfer, Hutmacher, Antiquitäten, Blechschmiede, und vieles mehr. Es ist eine Atmosphäre wie auf einem orientalischen Basar, voller fremder Gerüche und Lärm.

Die Altstadt ist von einem Netz zahlloser kleiner Gassen durchzogen, die von handtuchschmalen Häuserfassaden und Geschäften gesäumt werden. Friseure schneiden am Straßenrand auf wackligen Stühlen die Haare. Die Spiegel sind an den Bäumen befestigt, was sicher artistischer Verrenkungen bedarf, sich darin entdecken zu können. Fahrräder werden repariert, Kessel geflickt, alte Schuhe besohlt und auf einer Bordsteinkante tippen Mädchen auf vorsintflutlichen Schreibmaschinen Briefe, deren Text der Kunde ihnen ins Ohr schreit. Eine besondere Stimmung kommt auf, wenn es Abend wird und die Dämmerung hereinbricht. Dann fin-

Steckbrief

Erdbeben, Taifune und Krankheiten hat Renate Eulenbruch (58) auf ihren vielen Reisen rund um die Welt bereits erlebt. Aber das hinderte die Koblenzerin nicht an ihrer Reiselust. Unzählige Touren führten sie zusammen mit ihrem Mann in die unterschiedlichsten Regionen der Erde. Ihr erstes Ziel war 1971 Mexiko. Und von da an hatte sie das Reisefieber gepackt. Wenn Renate Eulenbruch von fremden Ländern erzählt, dreht es sich nicht um Sonne und Sand. Sie ist nicht die Touristin, die sich am Hotelstrand von der Sonne braten oder zwischen zwei Palmen in der Hängematte wiegen lässt. Sie mag es ausgefallener, abseits von dem üblichen Touristengedränge – je ungewöhnlicher, desto besser. Ihr nächstes Reiseziel ist voraussichtlich Buthan.

Alles im Fluss: Beförderung auf dem Mekong.

det das ganze Leben auf der Straße statt. Jeder Quadratmeter scheint besetzt zu sein, man trinkt Tee, fischt Nudeln aus der Suppe, spielt Schach, verkauft alle möglichen Dinge des täglichen Gebrauchs, oder beobachtet und belächelt uns Touristen, die über die ungewohnt hohen Bürgersteige stolpern, um danach wieder im nächsten Schlagloch zu verschwinden. Man hat das Gefühl, als laufe man durch die privaten Wohnungen der Einheimischen, in denen sich das ganze Leben abspielt.

Schon wenige Schritte vom alten Stadtkern entfernt beginnt die neue Welt (Hanoiwood genannt)! Junge Leute drücken sich die Nasen am Mercedes-Showroom platt, um die Luxuslimousinen zu bestaunen. Ein kleiner, selten erreichbarer Traum von Wohlstand. Man sieht die extravaganten Villen der dort lebenden Westmanager und Botschafter. Eine besondere Anziehungskraft besitzt noch immer die Besichtigung des Ho-Chi-Minh-Mausoleums. Ho-Chi-Minh liegt dort gut bewacht in einem Glassarg. Ich kann ihm leider nicht die Ehre erweisen, denn der Leichnam ist gerade, wie immer im Herbst, beim Präparator.

... überall um einen herum klingelt, knattert, quietscht und hupt es in allen Tonlagen ...

Ist man auf Besichtigungstour, so lernt man auch gleich eines der abenteuerlichsten Dinge des Landes kennen – nämlich das Überqueren einer Straße. Auf der anderen Straßenseite ohne Zwischenstopp und ohne Reifenprofil im Gesicht anzukommen, ist für unser nach Ordnung rufendes Gemüt ein Horrortrip: Man stürzt sich todesmutig in einen nicht enden wollenden Strom von Mofas, Fahrräder, Cyclos, Autos und Wasserbüffelgespannen. Überall um einen herum klingelt, knattert, quietscht und hupt es in allen Tonlagen. Hält man seine Gehgeschwindigkeit gleichmäßig ein und bleibt nicht voller Panik stehen, was anfangs ganz automatisch geschieht, gelingt wirklich das Wunder. Man erreicht die andere Straßenseite, ohne dass man, um eine Radspeiche gewickelt, sein Leben lassen muss. Reine Übungssache! Oder doch nur Glück? Bis zu meiner Abreise bleibt es mir unverständlich, wie das den Einheimischen selbst mit Garküchen auf den geschulterten Tragestangen gelingt, ohne damit irgendeinen Radfahrer vom Sattel zu fegen, oder einen Fußgänger zu köpfen. Bei uns würde das zu Massenkarambolagen führen. Dort jedoch habe ich in der ganzen Zeit keinen verletzten Fahrradfahrer und nicht den kleinsten Unfall gesehen. Ebenso unbegreiflich erscheint mir, dass die Mädchen auf ihren schönen, langen, weißen Kleidern, trotz ihrer alten Fahrräder und diesem Gewühl aus Blech, Menschen und Tieren, nie einen Schmutzfleck haben. Sie machen immer den Eindruck, als kämen sie frisch aus dem Modesalon. Touristen ist Autofahren übrigens verboten. Eine sehr weise Entscheidung, denn selbst als Beifahrer braucht man Nerven wie Drahtseile, wenn man sieht, wie der Fahrer den Rädern fast die Pedale abrasiert oder den Fußgängern haarscharf an den Zehen vorbeisteuert.

Natürlich gibt es auch in Vietnam Korruption – sichtbar im kleinen Stil –, wenn ein Polizist für ein angebliches Fehlverhalten Geld verlangt und es dann schnell in der eigenen Tasche verschwinden lässt. Als Tourist bleibt man jedoch weitgehend davon verschont und wird eher wie ein rohes Ei behandelt. Allerdings sollte man es tunlichst unterlassen, den Polizisten bei dieser „Amtshandlung" zu filmen... Von den Spuren des Krieges sehen Touristen – zumindest auf einer zeitlich begrenzten Rundreise – wenig. Ab und zu erinnert vielleicht ein Bunker, eine heute anderen Zwecken dienende Kaserne, ein verlassener Flugplatz oder eine etwas niedriger erscheinende Vegetation in Gebieten, in denen giftige Chemikalien (75 Millionen Tonnen) oder das berüchtigte „Agent Orange" eingesetzt wurden, daran. Dennoch sollte man es vermeiden, Wege abseits der üblichen Straßen zu benutzen, sonst besteht schnell die Gefahr, in Minenfeldern zu landen. Vereinzelt sieht man noch einige bettelnde Kriegsveteranen, die ihre amputierten oder verstümmelten Gliedmaßen zeigen. Oftmals jedoch fällt es schwer, die echten von den unechten zu unterscheiden und mancher Veteran kann, nachdem er einen Dollar ergattert hat, verdammt schnell ohne seine Krücken laufen. Die echten Kriegsveteranen haben allerdings kein leichtes Schicksal zu bewältigen. Sie bekommen keine Invalidenrente von der vietnamesischen Regierung oder den USA. Sie sind ganz auf die Hilfe ihrer Familien oder Freunde angewiesen.

Am bewundernswertesten sind die Menschen dieses Landes. Menschen, die eigentlich nach soviel Leid, Entbehrung, Unterdrückung und persönlichen Schicksalen verbittert, misstrauisch oder resigniert sein müssten. Jedoch das Gegenteil ist der Fall. Sie strahlen so viel Optimismus, Höflichkeit, Lebensfreude und Herzlichkeit aus, dass man es manchmal kaum fassen kann. Ihre Gastfreundschaft ist grenzenlos: Kinder, aber auch ältere Leute kommen angelaufen, wenn sie uns sehen. Nicht um sich von den „reichen Touristen" Dollars zu erhoffen, sondern nur um etwas zu erzählen, etwas zu zeigen oder uns ganz einfach anzufassen und wortlos anzustrahlen. Manchmal kommt man sich im Bus vor wie die Queen, die winkend durch die Menge fährt. Schüler laufen winkend und rufend auf den Schulhöfen zusammen. Mütter bringen uns ihre Kinder, die gleich auf den Arm wollen, denn aus der Nähe kann man viel besser mit den Fingerchen feststellen, ob unsere helle Hautfarbe oder die Behaarung der Männerarme auch wirklich echt sind... Einige Kinder allerdings sind sehr ängstlich und ergreifen trotz aller Bemühungen der Eltern laut weinend die Flucht vor uns ungewohnten „Langnasen".

... die Natur hat so viele Schönheiten zu bieten, dass man gar nicht weiß, wo man zuerst hinschauen soll ...

Eine Fahrt über das Land ist voller Abwechslung. Die schlechten Straßenverhältnisse lassen oft nur 20 bis 40 km/h zu, aber die Natur hat so viele Schönheiten zu bieten, dass man gar nicht weiß, wo man zuerst hinschauen soll: saftig grüne Felder mit jungen Reispflanzen, sanfte Täler und Berge, weite Gummibaum-, Ananas-, Kokos-, Papaya – und Avocadoplantagen, Salzgärten zur Speisesalzgewinnung, kleine Tempelstätten mit bezaubernden Lotosteichen. Die malerischen Dörfer am Rande der Straßen bestehen aus kleinen Lehmhütten, bedeckt mit Palmenwedel, staubigen, holprigen Gassen, voll mit Menschen, die ihre Waren auf Fahrrädern, Mopeds oder auf dem Kopf transportieren. Mit Bambushüten und schwarzen Pyjamas gekleidete Bauersfrauen der Vietcongs schleppen ihre Erzeugnisse auf Schulterstangen zum Markt. Die Märkte sind erfüllt von Stimmengewirr, vom Gackern der Hühner und Grunzen der Schweine. Überall kunstvoll aufgebaute Früchte, Ingwer, Koriander und frisch zerlegte Fleischstücke, bestens bewacht von ganzen Kolonien dicker, fetter Fliegen. Aber man entdeckt auch kuriose Dinge, wie in Flaschen eingelegte Schlangen, die ein Allheilmittel gegen Beschwerden aller Art sein sollen. Mitunter glaubt man, es wäre für uns ein roter Teppich ausgerollt worden, aber es sind nur rotleuchtende Chilischoten, die am Straßenrand in der Sonne trocknen. Bauern laufen mit über die Schultern gelegte Hacken, im Gänsemarsch auf die Felder. Dazwischen Wasserbüffel, überfüllte uralte Busse, hochbeladene Lkws. Viele noch aus alten DDR-Beständen, auf denen die alte deutsche Aufschrift zu lesen ist. Bei den meisten Lastwagen ist die Motorkühlung defekt. Vor Überhitzung schützt ein mit Wasser gefülltes Fass auf dem Fahrerhaus, von dem ein Plastikschlauch zum Motor führt. Not und der Mangel an Ersatzteilen macht eben erfinderisch!

Die Hitze und hohe Luftfeuchtigkeit sind oft für uns mörderisch. Nach der geringsten Anstrengung klebt die Zunge am Gaumen fest, man kann kaum mehr schlucken und hat das Gefühl, ersticken zu müssen. Oft beherrscht uns nur noch ein Gedanke - wo ist die nächste Möglichkeit, neues, kostbares Nass kaufen zu können. Zwar ist es nach wenigen Minuten wieder warm, schmeckt wie abgestandenes Wasser aus einer Biotonne, für uns jedoch ist es kostbarer als Champagner. Um die Strapazen des Tages zu vergessen, genehmigen wir uns meist abends ein schmackhaftes Essen. Doch in einem Hotel an der Halongbucht erwischt es mich dann. Nachts wache ich mit entsetzlichen, noch nie erlebten Magen- und Darmkrämpfen samt Begleiterscheinungen auf. Zum Glück gibt es in den meisten Hotels die uns vertrauten Toiletten und nicht die üblichen Hock-Klos, die mangels Toilettensitz nicht dazu einladen, gemütlich ein Buch zu lesen. Es gibt nur ein Loch im Boden und einige Meter freien Fall. Es bedarf jedoch einiger Gleichgewichtsübungen. Minuten später strecke ich alle Viere von mir und kurz bevor mich meine Sinne verlassen,

befällt mich der Gedanke: „Die nächsten Reisen gehen nur noch in den Schwarzwald". Irgendwann gelingt es meinem Mann, mich mit nassen, kalten Handtüchern und diversen Medikamenten wieder langsam ins Leben zurückzuholen. In solchen Momenten fallen einem die sonderbarsten, irgendwann gelesenen oder gehörten Dinge ein. Hatte vielleicht jemand seine Essstäbchen senkrecht in der Reisschüssel stecken lassen? Das verstößt nicht nur gegen die guten Sitten, sondern beschwört nach Ansicht der Einheimischen einen Todesfall herauf... senkrecht steckende Stäbchen gleichen Räucherstäbchen, die zu Ehren von Toten abgebrannt werden.

Am nächsten Morgen schwanke ich auf noch reichlich wackeligen Beinen und leicht grünlichem Gesicht in den Frühstücksraum, der mir, obwohl es schon ziemlich spät ist, reichlich leer erscheint. Ein Mitreisender kommt auf mich zu und erkundigt sich nach meinem Wohlbefinden. Bei dem Gedanken, dass ich wohl noch so schlecht aussehe, dass es sogar Fremden nicht entgeht, fängt mein Magen gleich wieder an, Tango zu tanzen. Es stellt sich jedoch heraus, dass die Hälfte der Reisegruppe und der Reiseleiter sich eine Fischvergiftung zugezogen haben. Zum Glück wird es nicht erforderlich, Mitreisende nach Singapur oder Hongkong zur ärztlichen Behandlung auszufliegen. Bedauerlich war nur, dass an diesem

**Das kontrollierte Chaos:
Straßenszene in Hanoi.**

Bäuerinnen auf der Fahrt zum Markt.

Tag eine Bootsfahrt samt schmackhaft zubereiteten Essen durch die zauberhafte Halongbucht gebucht ist. Die betroffenen Mägen sind noch nicht auf Wasserbewegung und Essensgelüste eingestellt. Auch ich sitze noch angeschlagen auf meinem Stuhl und lasse diese traumhafte Kulisse, still und staunend, wie in einem Film an mir vorbeiziehen. Die Halongbucht ist eine 1500 Quadratkilometer große smaragdgrüne Wasserfläche – mit über 3000 Inseln und Felsen aus Karst- und Kalkgestein, übersät mit vielen von Wind und Wasser wie Fabelwesen geformter Grotten und einsamer Strände. Die Stille wird nur ab und zu von vorbeifahrenden Dschunken unterbrochen, deren Besitzer ihre Waren lauthals schreiend anbieten. Eine Sage erzählt, dass ein riesiger Drache auf dem Weg zum Meer mit seinem Schwanz voller Wucht die Erde und die Felsen zerschlug. Als er danach in das Meer eintauchte, stieg der Wasserspiegel so an, dass sich die entstandenen Täler mit Wasser füllten und nur noch die Bergspitzen zu sehen waren. Viele Maler fühlten sich schon von dieser wohl größten Naturschönheit Vietnams inspiriert. Besonders reizvoll ist es bei Sonnenauf- und Untergang, oder wenn Nebelschwaden die Felsen verschleiern. Hat man noch durch eine Fischvergiftung zusätzliche Schleier vor den Augen, hebt dies natürlich ungemein die Wirkung...

Auf der Rückfahrt tuckert unser Schiffchen still vor sich hin – voll auf Kollisionskurs mit einem Fischerboot, das auch keine Anstalten macht, der Gefahr zu entrinnen. Das Ergebnis bleibt nicht aus, es kracht, Bretter und Motorteile fliegen durch die Luft und das Fischerboot ist mit veränderter Knautschzone ein Stückchen kleiner geworden. Kein Mensch kümmert sich darum. Der Fischer reibt sich seinen von einer Stange getroffenen, brummenden Schädel, aber man tuckert, soweit möglich, friedlich weiter, als sei nichts geschehen.

... man fühlt sich in Gedanken um einige Jahrhunderte zurückversetzt ...

Unsere nächste Station heißt Hoi An, eine wunderschöne, architektonisch reizvolle, alte Hafenstadt. Sie war schon vor 200 Jahren eine wichtige, internationale Drehscheibe des Seehandels. Die vielen historischen Gebäude sind noch im alten Baustil errichtet. Alles wirkt urgemütlich, man fühlt sich in Gedanken um einige Jahrhunderte zurückversetzt, gleich, ob man nun diese schönen Häuser, die alten Pagoden und Schreine besucht, oder aber nur durch die engen Gassen schlendert. Mein Tipp: Bevor die Füße Blasen werfen, auf die Rikscha umsteigen – auch wenn es Europäern schwer fällt, sich von anderen Menschen schleppen zu lassen. Die tapfer strampelnden Fahrer schrecken vor keinem Gewicht zurück und treten schweißtriefend munter in die Pedale.

Von Hoi An führt uns die Reise über eine mit Schlaglöchern übersäte Schotterpiste nach My Son, dem bedeutendsten Ort der Cham in Vietnam. Wir stoppen an einer wackligen, oft ausgebesserten Hängebrücke, über die wir auf abenteuerliche Weise einen Fluss überqueren müssen. Die losen und fehlenden Bretter erinnern bei jedem Tritt daran, dass es vielleicht der letzte sein kann... Nach diesem Test der eigenen Schwindelfreiheit bringt uns ein Jeep, mit einem Fahrer ohne Furcht vor den eigenen Kenntnissen, bis zu einem kleinen Weg, auf dem wir uns durch wilde Vegetation weiter durchschlagen müssen. Wir werden gewarnt, diesen Pfad nicht zu verlassen, da sich in dieser Gegend noch viele Minen befinden. Plötzlich gibt das Dickicht den Blick frei auf ein märchenhaftes, von grünen Hügeln eingerahmtes, verträumtes Tal mit alten, kunstvoll verzierten, roten Ziegeltempeln aus dem 4. bis 13. Jahrhundert, kleinen Bächen und Kaffeeplantagen. Erst beim Durchwandern des

Frohgelaunt:
eine vietnamesische
Familie beim Markttag.

großen Gebietes kann man die Vielfältigkeit der alten Kulturdenkmäler und Heiligtümer erkennen. Damit die Ziegeltürme besser der Witterung standhalten können, werden sie mit Baumharz lackiert. Nach vielen Jahrhunderten ohne Instandhaltung und vielen Plünderungen blieben von ehemals 68 nur noch 25 Bauwerke übrig. Durch amerikanische Bombenangriffe wurden fünf weitere zerstört und viele beschädigt. Man hatte dort Guerillas vermutet, denn das unwegsame Gelände war ideal für den Vietcong.

Die nächste Überraschung erwartet uns in der alten Kaiserstadt Hue, die von 1802 bis 1945 unter 13 Kaisern die politische Hauptstadt war. Hue ist eine wunderschöne Stadt mit einer beeindruckenden Zitadelle, Kaisergräbern, Pagoden, alten Kolonialbauten, Geschäftsvierteln und gemütlichen Cafès, kleinen Seen mit Inseln, wo sich früher schon der Kaiser mit seinem Hofstaat ausruhte. Schnell vergisst man bei diesem beschaulichen Anblick, dass dies 1968 während der Tet-Offensive ein Schauplatz der grausamsten Schlachten war. Unmittelbar nach der Eroberung wurden von Nordvietnamesen und Vietcongeinheiten 3000 Zivilisten, katholische Priester, Mönche, Intellektuelle, Personen, die als Sympathisanten des südvietnamesischen Regimes galten, erschossen, enthauptet, zu Tode geprügelt oder lebendig begraben. Durch die Zurückeroberung durch die Südvietnamesen und die USA wurden ganze Stadtteile und die alte Purpurstadt dem Erdboden gleichgemacht.

Schon bei unserer Ankunft hat der Song-Huong-Fluß (Fluss der Wohlgerüche) bedrohliche Formen angenommen. Alle gepriesenen Wohlgerüche sind längst verflogen! Nur dem Mut unserer Busfahrer ist es zu verdanken, dass wir nach der Besichtigung der Thin-Mu-Pagode einer neuen Flutwelle entkommen können, die zwischenzeitlich die einzige dorthin führende Straße vollkommen überflutet hat. Besorgt beobachten wir später vom Hotelfenster aus, wie das Wasser ständig steigt. Zuerst sieht man noch Palmen am Ufer stehen, aber nach und nach verschwinden sie immer mehr, bis nur noch die Wedelspitzen aus den braunen, reißenden Fluten schauen. Auch im Hotel wird es immer munterer. Das Personal rennt mit Lampen und Matratzen durch die Gänge, schnattert vor sich hin, aber das ist es dann auch.

Gegen Abend steht das gesamte Erdgeschoss des wunderschönen Hotels, mit all seinen schön geschnitzten, lackierten Säulen und Möbeln, unter Wasser. Plötzlich bekommen wir die Nachricht, dass wir innerhalb von zehn Minuten die Koffer gepackt und das Hotel verlassen haben sollen. Gesagt, getan: Wir waten bis zum Bauch im Wasser, das immer noch steigt, vom Hotel zum Bus. Inzwischen ist es stockdunkel und was nun folgt, ist eine Fahrt ins Ungewisse. Kein Mensch kann uns sagen, welche Straßen überschwemmt oder noch passierbar sind. Durch Anrufe gelingt es uns, in manchen Dörfern über die Poststellen Informationen zu bekommen. Allein der Postbote weiß, ob er seine Post schon schwimmend oder noch trockenen Fußes verteilen kann. Es ist eine gespenstische Fahrt. Die Straßen versinken in der Dunkelheit, man kann nichts mehr erkennen, nur erahnen. Überall gibt es nur gluckernde, dunkle Wassermassen. Am Straßenrand erkennt man im blassen Schein des Scheinwerfers halbüberschwemmte Hütten. Die Hängematten sind teils unter die Decke gebunden. Dorthin hat man die kleinen Kinder verfrachtet, damit sie bei der nächsten Welle nicht weggetragen werden... Vor den Hütten entdeckt man oft ein Licht, daneben ein Einheimischer, der in Seelenruhe angelt, umgeben von seinen inzwischen wegschwimmenden Möbelstücken. Diese Ruhe und Gelassenheit ist beneidenswert, aber für manche Dinge des Lebens dort wohl auch dringend notwendig.

Erst nach eineinhalb Stunden der insgesamt dreistündigen Fahrt kann man erahnen, ob man Da Nang noch erreichen kann oder irgendwo im Hochwasser stecken bleibt. Zuvor muss noch eine kritische Dammstraße und die in Nebel liegenden Serpentinen des Hai-van-Passes (Pass der Meereswolken), der für Busse schon bei gutem Wetter einen Härtetest darstellt, bewältigt werden. Dank unserer Fahrer (so klein und zäh sie auch waren, auch sie zitterten vor Aufregung und Erschöpfung beunruhigend oft) haben wir Glück und erreichen nachts Da Nang. Todmüde und durchnässt bekommen wir im Bahnhofshotel auch noch ein Bett, was gar nicht so selbstverständlich ist, denn es gibt dort nur vier Hotels. Später erfahren wir, dass eine Gruppe, die das Hotel in Hue nicht mehr rechtzeitig verlassen konnte, dort noch tagelang im obersten Stockwerk eingeschlossen war, ohne Licht und ohne Klimaanlage. Die Zimmer durften nicht verlassen werden, es sei denn schwimmend.

... das Flugzeug schlittert, mit rasender Geschwindigkeit ...

Der Flut weitgehend unbeschadet entkommen steigen wir am folgenden Nachmittag frohen Mutes und um eine Erfahrung reicher in unser Flugzeug Richtung Nha Trang. „Ein gutes Flugzeug", wie man uns versichert. Leider war wenige Wochen vorher ein Modell dieses Typs mit zwei französischen Touristen-Gruppen im Dschungel abgestürzt. Das erzählt man uns aber vorsichtshalber erst hinterher. Als Flugzeit sind 54 Minuten angegeben. Nach 80 Minuten finden wir das Ganze etwas merkwürdig, als auch schon die Stimme des Piloten erklingt: „Meine Damen und Herren, wir sind leider gezwungen, ein Taifungebiet zu umfliegen, werden aber in zehn Minuten landen." Es verstreichen 20, 30 Minuten – es geschieht nichts. Das Flugzeug schüttelt und schüttelt sich, wie von Geisterhand getrieben, ein Propellertriebwerk zeigt keine Regung mehr. Weitere zehn unruhige Minuten Flug liegen vor uns, durch dunkle, teils von Blitzen erhellte Wolken und Dunst, bevor die Landebahn – die eher einem breiten Fluss ähnelt – vor uns auftaucht. Es folgt eine ausgesprochen gefährliche „Wasserlandung". Das Flugzeug schlittert, mit rasender Geschwindigkeit, ruckartig bis an das Ende der Rollbahn. Alles fliegt durcheinander. Man hat plötzlich Flugbegleiter, fremdes Gepäck und Essen auf dem Schoss. So gefährlich diese Landung auch für den Piloten ist, die Möglichkeit einen entfernteren Flughafen anzufliegen besteht nicht mehr. Der Sprit ist bis zum letzten Tropfen verbraucht.

Nach so viel Abenteuer ist Ruhe angesagt. Wir gönnen uns einen kleinen Abstecher in die Marmorberge. Schon aus der Ferne entdeckt man die fünf bewachsenen Marmorhügel, die die fünf Elemente Erde, Metall, Feuer, Holz und Wasser symbolisieren sollen. Zahlreiche Busse spucken Unmengen von Touristen an diesem beliebten Ausflugsort aus. Schnell ist man von Bettlern, Souvenir- und Getränkehändlern sowie Kindern umringt. Viele der Kinder, mit Fackeln und Taschenlampen bewaffnet, bieten ihre Dienste als Höhlenführer an und man erkennt schnell, dass sie Winkel kennen, in die man alleine nie gelangen würde. Die Erinnerung an den Krieg holt uns ein: Die Hügel sind von unzähligen Höhlen und Tunnelgängen durchzogen. In ihnen stößt man auf Buddhastatuen, Schreine, alte Inschriften – aber auch auf Felsen und Tore mit Einschusslöchern. In der Huyen-Khong-Höhle, in die durch eine Öffnung Tageslicht fällt, befand sich ein vollkommen eingerichtetes Lazarett der Vietcong, denn die Berge waren ein ideales, unübersichtliches Versteck. Geradezu unglaublich: In Sichtweite, an den unberührten, endlos weißen Stränden der China Beach, erholten sich die amerikanischen Soldaten, nichts Böses ahnend, von ihren Einsätzen.

Von dort geht es durch wunderschöne Landschaften weiter nach Da Lat. Eine reizende kleine Stadt, die als Stadt des Frühlings bezeichnet wird. Sie liegt 1475 Meter hoch. Nach der Hitze der Ebene lädt sie mit ihren angenehm kühlen 25° C mit vielen Seen, Wasserfällen, Sehenswürdigkeiten, Rosengärten und Golfplätzen zur Erholung ein. Da Lat wurde weitgehend von den Kriegseinwirkungen verschont, man spricht sogar davon, dass sich dort reiche Vietnamesen und Vietcongs in ihren Jugendstilvillen erholten, während andernorts der Krieg tobte.

... alles ist in Bewegung, voller Energie, Fröhlichkeit und Fleiß ...

Nach dieser erholsamen Verschnaufpause geht es zurück nach Ho-Chi-Minh-Stadt (Saigon), das wie ein Hexenkessel wirkt. In der Vier-Millionen-Metropole spürt man am besten, wie sehr sich das Land im Aufschwung befindet. Hier regiert der Dollar. Alles ist in Bewegung, voller Energie, Fröhlichkeit und Fleiß. Die Stadt verändert sich ständig. Täglich werden neue Luxushotels, Restaurants, Shoppingcenter und Hochhäuser aus der Erde gestampft. Überall sieht man riesige Reklametafeln von BMW, Hitachi, Pepsi und anderen weltweit bekannten Konsumgütern. In den Läden kann man alles kaufen, was das Herz begehrt – von der Nudelsuppe bis hin zu Hightechgeräten. Doch so groß die westlichen Einflüsse auch sein mögen, das Leben findet auch hier bunt und laut, erfüllt mit dem Duft von Räucherstäbchen, auf der Straße statt. Jede Straße und Gasse ähnelt einem Markt, jede noch so kleine Wohnung einem bunten Warenlager. Ausländer dürfen nur mit vietnamesischen Partnern, die mindestens 51 Prozent Geschäftsanteile haben, ein Unternehmen gründen. Grundstücke können nur von Vietnamesen erworben werden. Tagsüber ist die Stadt für Lkws gesperrt. Eine gute Entscheidung, denn Zehntausende von Autos, Dreiradvehikel, Mopeds und über zwei Millionen Fahrräder verstopfen bereits die Straßen. Alle französische Straßennamen wurden durch vietnamesische ersetzt. An die vergangene Kolonialzeit erinnert nur noch das Rathaus, die Post, das renovierte Hotel Continental (hier spielte ein Teil von Graham Greens Roman „Der stille Amerikaner") und schöne schattige Parks und Alleen.

Unsere geplante Weiterfahrt von Saigon in das Mekong-Delta bereitet uns noch etwas Sorge. Dort wüten gerade die größten Überschwemmungen seit 20 Jahren. Auf ein weiteres Überlebenstraining im Hochwasser sind wir eigentlich nicht mehr wild, man versichert uns jedoch, dass die Gegend, die wir bereisen sollen, die am wenigsten betroffene sei. Es stimmt, denn in unserem Hotel steht das Wasser noch nicht im Zimmer, der Mekong-Fluss schwappt bei jeder Welle lediglich leicht über den Balkon. Vorsichtshalber beobachten wir die Lage, wie in Hue bereits erprobt, jede Stunde - auch nachts -, um nicht morgens böse überrascht zu werden. Das Mekong-Delta gleicht einem nicht endenden See, unterbrochen von noch vereinzelt sichtbaren Straßen, halb versunkenen Hütten, Dörfern und Palmen. Hier, am Ende des 4500 Kilometer langen Stromes, liegt die Kornkammer des Landes. Die Vegetation ist traumhaft. Die Ufer des Mekong werden von Papaya-, Mango-, Bananen- und Orangenplantagen eingerahmt. Ein großer Teil des Lebens spielt sich auf dem Fluss ab. Auf ihm transportieren Hunderte von großen und kleinen Schiffen ihre Ware. Auf den schwimmenden Märkten erlebt man ein faszinierendes, buntes Treiben. Umgeben von unzähligen, oft schön bemalten oder auch renovierungsbedürftigen Booten (Shampas), wird man von exotischen Gerüchen eingenebelt und von laut dröhnender Popmusik, gemischt mit einheimischen Klängen, aus den Träumen geris-

**Reis-Bäuerin
auf dem Land.**

sen. Alles, was sich irgendwie zu einem flusstauglichen Gefährt umfunktionieren lässt, schwimmt in den Fluten. Oft liegen die „Kapitäne" gemütlich mit einer Zigarette im Mundwinkel auf dem Rücken und bewegen die Ruder lässig mit den Füßen. Mit dem nicht sonderlich appetitlich aussehenden Flusswasser wird gewaschen, gekocht und geputzt – von den Booten bis hin zu den Füßen und Zähnen.

Trotz all der kleinen vermeidbaren und unvermeidlichen Unzulänglichkeiten, Vietnam ist eines der faszinierensten Länder, die wir bisher bereist haben und ich kann nur jedem, der an diesem Land interessiert ist raten hinzufahren, bevor, wie in vielen anderen Ländern dieser Welt, der Zauber und die Ursprünglichkeit verloren gegangen sind. Es ist ein Land im Aufbruch, voller Gegensätze, zwischen Kommunismus und Konsumdenken, ein Mix aus traditioneller und neuer, moderner Welt. ∎

Die Tempelanlage My Son: Geheimnisvolle, bis zu 1500 Jahre alte Bauwerke mit phantastischen Steinskulpturen einer vergangenen Kultur warten darauf, entdeckt zu werden.

Geografie: *Vietnam ist ein 3260 Kilometer langer Landstreifen am Südchinesischen Meer, der im Norden an China und im Westen an Laos und Kambodscha grenzt. Das Land wird überwiegend landwirtschaftlich genutzt; in der Landesmitte gibt es auch tropischen Regenwald. Die ländliche Grenze Vietnams beträgt 3730 Kilometer. Vietnam besitzt eine Gewässerfläche von rund 1 000 000 km². Bien Dong, zu Deutsch Ostmeer, ist die offiziell vietnamesische Bezeichnung für den Teil des südchinesischen Meers, der östlich von Vietnam liegt. In diesem Meeresteil befinden sich zwei vietnamesische Inselgruppen, nämlich Hoang Sa und Truong Sa. Einige Inseln wurden 1974 von China besetzt. Vietnam liegt auch im Knotenpunkt des Schiffsverkehrs vom indischen Ozean zum pazifischen Ozean. Das Land wird in drei Regionen mit unterschiedlichen geographischen und klimatischen Verhältnissen geteilt – der Norden (Bac Bo), die Zentrale (Trung Bo) und der Süden (Nam Bo).*

Klima: *Vietnam liegt in der tropischen Monsunregion, hauptsächlich beeinflusst durch das asiatische Monsunregime: Nordost-Monsunwind und Südost-Monsunwind. Es gibt zwei unterschiedliche klimatische Zonen. Die südlichen Provinzen werden durch Südost-Monsunwind beeinflusst – mit heißem Wetter im ganzen Jahr und zwei eindeutige Jahreszeiten: Regenzeit von Mai bis Oktober, Trockenzeit von November bis April des folgenden Jahres. Die nördliche Region hat im allgemeinen auch zwei Jahreszeiten: die warme und regnerische Jahreszeit von Mai bis Oktober, und die kalte und sonnige Jahreszeit von November bis April folgenden Jahres. Jedoch hat die Nordregion zusätzlich noch zwei Übergangsperioden im April und Oktober.*

> **Tipp**
>
> *Das vietnamesische Wort für Mahlzeit „com", als „Reis" übersetzt, sagt es bereits aus, dass keine vietnamesische Mahlzeit ohne die Hülsenfrucht komplett ist. Reisnudelsuppe mit Huhn oder Rindfleisch, bekannt als „pho", ist ein typisch vietnamesisches Gericht.*

Botschaft/Touristeninfo: *Botschaft der Bundesrepublik Deutschland in Hanoi; 29 Tran Phu; Tel.: 0084-4-8453836; Fax: 0084-4-8453838.*

Touristeninformation in Ho-Chi-Minh-Stadt; 126 Nguyen Dinh Chieu, Dist 3.; Tel.: 0084-8-8291967; Fax: 0084-4-8231919.

Währung: *Vietnamesische Dong (VND) Reise-Cheques und Kreditkarten sind in den Banken in VND umzutauschen. Kreditkarten werden auch in den Reisebüros, Hotels und Großrestaurants akzeptiert werden. US-Dollars können in VND in Banken, Umtauschbüros, Hotels oder Juweliergeschäften umgetauscht werden. US-Dollars werden bevorzugt angenommen, allerdings können andere Währungen ebenfalls getauscht werden. Man sollte US-Dollar in kleinen Scheinen mitführen.*

Einreise: *Ausländer müssen in der Regel ein Visum haben, um nach Vietnam einzureisen. Ein Touristenvisum kann generell in der diplomatischen Vertretung der SRV im entsprechenden Land beantragt werden. Geschäftsreisende sollen ihr Visum durch den vietnamesischen Geschäftspartner beantragen.*

Vietnam

Allgemeine Infos: *Aus Tradition sprechen sehr viele Menschen älterer Generation Französisch. Im Süden können Sie sich mit den meisten Leuten in den Städten in Englisch unterhalten. Im Norden treffen Sie überall in den Büros die ehemaligen Absolventen und Gastarbeiter aus Russland, Deutschland und Tschechien, mit denen sie sich auch in Russisch, Deutsch und einigen osteuropäischen Sprachen als verständigen können. Das Studium von Fremdsprachen wie Englisch, Französisch und Chinesisch ist in Vietnam sehr verbreitet, insbesondere in Hanoi, Ho-Chi-Minh-Stadt, Hue und Danang.*

Sehenswürdigkeiten: *Hanoi mit der vorgelagerten Hafenstadt Haiphong ist die Hauptstadt Vietnams. Breite Alleen führen an alten Gebäuden mit den typischen gelben Stuckarbeiten und an den zahlreichen Seen der Stadt vorbei. Hier steht auch das Mausoleum von Ho Chi Minh, das durchaus einen Besuch wert ist. Interessant sind auch das Museum der Bildenden Künste und das Historische Museum. Badefreuden unter Kokospalmen kann man an dem beliebten Badestrand Do Son genießen (25 Kilometer von Haiphong).*

Gesundheit: *Eine Impfbescheinigung gegen Gelbfieber wird von allen Reisenden verlangt, die aus Infektionsgebieten kommen. Malariarisiko herrscht ganzjährig in allen Landesteilen mit Ausnahme der Stadtzentren, des Red-River-Deltas sowie der Küstenebenen nördlich von Nha Trang. Erhöhtes Risiko ist auch in den zwei südlichsten Provinzen Ca Mau und Bac Lieu sowie in höhergelegenen Gebieten bis 1500 Meter südlich des 18. Breitengrades zu beachten. In den größeren Städten gibt es Krankenhäuser und in allen Provinzen Gesundheitszentren, die Einrichtungen sind jedoch begrenzt. Der Abschluss einer Reisekrankenversicherung wird empfohlen.*

Nähere Informationen gibt es unter www.auswaertiges-amt.de

Am Fluss der roten

**Mit dem Schlauchboot suchte Wilfried Hahn
auf Sumatra nach Orang-Utans**

Menschenaffen

Sumatra. Eine von 13 677 indonesischen Inseln. So groß wie Frankreich. Berühmt für seine Zigarren, berüchtigt als grüne Hölle. Wilfried Hahn und seine Mitstreiter rauschten mitten durch – auf Schlauchbooten. Lautloser kommt man nicht durch den Dschungel. Denn sie waren auf der Suche nach den scheuen roten Menschenaffen.

Also", sagt Jeksin, „Rafting auf dem Alas ist überhaupt kein Problem. Erst zwei Menschen sind dabei ertrunken." Macht er Witze? Ich zurre meine Schwimmweste fester. Jeksin grinst. „Aber die wollten es ja unbedingt auf eigene Faust schaffen." Der Alas kurvt durch den Regenwald von Nordsumatra bis zum Indischen Ozean. Mitten durch eines der letzten Refugien für Orang-Utan. Er heißt deshalb auch „River of the red ape" – Fluss der roten Menschenaffen. „Die Orang-Utan", erklärt Jeksin, „sind sehr scheu. Auf meinen letzten drei Touren habe ich nicht einen zu Gesicht bekommen. Vielleicht haben wir diesmal mehr Glück."

Jeksin ist unser Flusskapitän und immer gut drauf. Vermutlich ist er schon grinsend zur Welt gekommen. Die River-Guides Anwar, Jongres und Rasman komplettieren die Crew. Vier Mann Besatzung für sieben Passagiere. Das gibt's auf keinem Luxusdampfer. Aber wir haben ja auch Schlauchboote. Drei Stück. Eines ist vollgestopft mit Proviant und Ausrüstung. Selbst zwei Stangen Eis verstaut die Crew in mächtigen Kühlboxen. Hinter uns liegt eine Slalomfahrt durch die Berge von Nordsumatra. Vor uns der Alas. Der Dschungel hält noch Distanz. Einsiedlerbauern haben ihn mit Axt und Feuer zurückgedrängt. In der Ferne spießen im Dunst blaue Gipfel Wolken auf. Unsere Boote drehen sich in die leichte Strömung. Der Alas ist komfortabel wie ein Wasserbett, gluckert beruhigend unterm Gummiboden und kitzelt die Fußsohlen. Schwimmwesten scheinen so notwendig, wie Fallschirme auf einer Fahrradtour.

Die Sonne sticht unbarmherzig. Auf den Luftkammern der Schlauchboote könnte man Spiegeleier braten. Wir schöpfen Kühlwasser und paddeln hin und wieder, nur so zum Spaß. Wir lassen uns einfach treiben, halten die Zeit an, atmen Ruhe. Am Ufer ab und an ein paar Palmlaubhütten. Frauen trommeln Wäsche auf Steinen im Fluss. Nackte Kinder schwenken zur Begrüßung ihre Arme wie Scheibenwischer im Schnelllauf. Der Dschungel rückt langsam näher, behutsam, als wolle er uns nicht erschrecken. Am ersten Abend steht er dann am Fluss. Bäume hoch wie Kathedralen wachsen in den Purpurhimmel. Camp auf einer Sandbank. Als ich das letzte Mal ein Zelt aufgeschlagen habe, trug ich kurze Pfadfinderhosen. Die Crew sammelt Treibholz fürs Lagerfeuer. Die Jurung-Fische in der Eisenpfanne kommen frisch aus dem Alas, die Hähnchen auf dem Grill aus der Eisbox. Ebenso die Garnelen, die Rasman in eine Chilisoße tunkt. Dazu gibt es Reis, Blumenkohlgemüse, Tomatensalat. Wir trinken dänisches Importbier und australischen Wein. Zum Nachtisch werden französischer Camembert gereicht und Ananas aus Sumatra. Ein Menu, das Sterne verdient hat. Die Tropennacht vergibt sie reichlich. Wir sitzen satt und zufrieden ums Feuer. Eiswürfel klingen im Glas. Noch nie hat mir der Gin Tonic besser geschmeckt.

Und auch die Sumatra-Zigarre entfaltet hier im Dschungel ihr volles Aroma erst so richtig. So stellt man sich die grüne Hölle nicht unbedingt vor. Aber eine Tour auf dem Alas ist auch Abenteuer für Genießer.

Am Morgen dampft der Dschungel. Tau läuft in kleinen Bächen von den Zeltplanen. Geweckt haben uns Gibbons. Sie sind die größten Schreihälse hier im Urwald. Mit ihrem Geheul könnten sie in der Geisterbahn auftreten. Zum Frühstück gibt es Rührei mit Speck und Zwiebeln, Toast, Salami und Käse. Dazu Kaffee und Tee. Danach könnten wir Bäume ausreisen. Aber wir legen die Schwimmwesten an. Heute gilt's. Wir tasten mit unseren Ferngläsern den Dschungel ab, der wie eine grüne Mauer beide Ufer säumt. Ein Nashornvogel steigt auf und wir hören seinen Flügelschlag, der so klingt, als klappe jemand einen nassen Regenschirm auf und zu. Kein Orang-Utan weit und breit. Der Fluss wird schneller, zwängt sich durch eine enge Schlucht. Urwaldbäume krallen sich in fast senkrecht aufragende Felswände, spannen hoch über uns ein grünes Dach. Jeksin gibt uns ein Zeichen: runter mit den Ferngläser. Und dann donnert es. Genauer: Es hört sich an wie Donner. Und ist eine Stromschnelle, die hinter einer Biegung des Flusses brüllt und lauert. Die Guides steuern die Boote ans Ufer. Jeksin und Rasman steigen aus. Sie wollen zu Fuß voraus laufen und die Lage peilen. „Manchmal verändert sich durch Hochwasser der Flussverlauf, spült Felsen dorthin, wo vorher keine waren. Oder verkeilt umgestürzte Bäume zwischen den Felsen", erklärt Jeksin. Dann machen sie sich auf den Weg. Das heißt sie klettern wie die Bergziegen über glitschige Steine, drücken sich die Felswand entlang.

Nach einer halben Stunde sind sie wieder da. „Alles o.k", grinst Jeksin, „das schaffen wir." Das Proviantboot soll als erstes durch die Stromschnelle. Ich fahre mit um die nachfolgenden Boote zu fotografieren. Wir passieren

Steckbrief

Schreiben und Reisen, das sind die zwei Leidenschaften des Wilfried Hahn (50). Nach seinem Zeitungsvolontariat (1970 bis 1972) arbeitete er als Tageszeitungsredakteur bis 1976. Von da an war er nur noch im Sommerhalbjahr bei der Ludwigsburger Kreiszeitung tätig. Die andere Jahreshälfte verbrachte Wilfried Hahn auf Reisen durch Asien. Seit 1978 befindet sich er jedes Jahr für etwa fünf Monate in Südostasien. Sein Lieblingsreiseziel ist Thailand. Auf die Frage, warum er das Reisen in fremde Länder mag, antwortet Wilfried Hahn, dass das Leben „on the road" abwechslungsreicher und spannender sei als das Leben an einem Ort, gleich wo der sein mag. Er lerne gerne andere Kulturen und damit andere Lebenseinstellungen kennen.

Willkommene Abwechslung
im Dschungel-Alltag:
Dusche mit Regenbogen – wo sonst
bekommt man ein solches
Panorama geboten?

die Biegung und mir fällt fast das Herz in die Hose. Da ist kein Fluss mehr. Da ist kochendes Wasser. Der Alas springt aus seinem Bett. „Festhalten!" brüllt Anwar. Ich klammere mich an die Sicherungsleine, meine Füße stecken in Halteschlaufen. Erst jetzt merke ich, dass das Boot quer treibt. Ist der Kerl übergeschnappt? Aber Anwar weiß genau, was er tut. Kurz bevor der Alas überschäumt, rudert er in die Stromlinie. Und dann schießt das Schlauchboot in einen brodelnden Schlund. Steigt wieder hoch wie ein scheuendes Pferd. Stürzt ins nächste Wellental. Schnellt heraus, taucht erneut ein. Achterbahn! Und der Alas feuert auch noch mit Wasserkanonen auf uns. Aber es geht alles viel zu schnell, um Angst zu haben. Als die Stromschnelle hinter uns liegt, löst sich die Spannung in Jubelschreien.

D er Hexenkessel endet hinter den Stromschnellen von Batu Injin (Hoher Stein). Der Alas beruhigt sich wieder, wir auch. Bis zur nächsten Stromschnelle. Aber auch die meistern wir unbeschadet. Und dann gleiten wir wieder auf unseren Gummi-Inseln dahin, passen auf, dass wir uns keine Blasen paddeln. Und schauen durch unsere Ferngläser. Wir sehen Affen, die in den Bäumen Fangen spielen. Aber keine Orang-Utans. Am Ende des dritten Tages haben wir uns damit abgefunden: Vielleicht haben die roten Menschenaffen uns gesehen, aber wir nicht sie. Bis auf Elizabeth, Reuters-Korrespondentin

aus Jakarta. Sie gibt nicht auf und tastet den Dschungel unermüdlich mit dem Fernglas ab. Und dann zeigt sie mit ausgestrecktem Arm auf die Wipfel des Dschungels. Wir heben die Ruder aus dem Wasser. Man könnte jetzt hören, wenn ein Blatt vom Baum aufs Wasser fällt. Und da ist er. Ein Reckturner im roten Langhaarpelz schwingt in der Krone eines Urwaldriesen: ein Orang-Utan! Ein Männchen, etwa vier Jahre alt. Unser Interesse lässt ihn kalt. Gelassen hangelt er sich durchs Geäst. Dann verschluckt ihn wieder der tiefe Dschungel. ∎

Einfach treiben lassen:
Mit dem Schlauchboot durch
den Dschungel. Am Abend
erwarten traumhafte
Sonnenuntergänge die
Abenteurer.

Ein abenteuerliches wie
spritziges Vergnügen:
Mit der Gummi-Insel durch
den brodelnden Schlund.

Geografie: *Sumatra ist die fünftgrößte Insel der Erde und zählt zu den interessantesten und vielseitigsten Regionen des riesigen Inselarchipels Indonesiens. Endlose Dschungel- und Sumpfgebiete werden von Nord nach Süd von einer 1600 Kilometer langen Vulkan-Gebirgskette durchzogen. Viele von diesen Bergen ragen 2500 bis 3800 Meter hoch in den Himmel. Sumatra ist die zweitgrößte Insel Indonesiens, liegt am Äquator, heiße Quellen, uner-forschte Dschungelgebiete und riesige Plantagen. Zum Schutz der teilweise vom Aussterben bedrohten einheimischen Tier- und Pflanzenwelt sind zahlreiche Naturschutzgebiete einge-richtet worden. Indonesien, Fläche: 1 904 443 km^2; Bevölkerungszahl: etwa 205 000 000; Hauptstadt: Jakarta (Java).*

Klima: *Tropisches Monsunklima mit ausgeprägten regionalen Unterschieden. Der Ostmonsun bringt das trockenste Wetter (Mai bis Oktober), der Westmonsun die Regenzeit (Dezember bis März). Im Westen ganzjährige Niederschläge. Kühler in den Bergen.*

Botschaft/Touristeninfo: *Botschaft, Jalan M.H. Thamrin 1, Jakarta 10310; Tel.: 0062-21-390 17 50; Fax: 0062-21-390 17 57. E-Mail: germany@rad.net.id; Internet: www.germanembjak.or.id Honorarkonsulate in Medan und Sanur/Bali.*

Directorate-General of Tourism 16-19 Jalan Medan Merdeka Barat, PO Box 1409, Jakarta 10110 Tel.: 0062-21-38 38 23, 383 82 21. Fax: 0062-21-386 75 89. Internet: www.tourismindonesia.com

Buch-Tipp

Wilfried Hahn ist Autor der Marco-Polo-Reiseführer Thailand, Phuket und Ko Samui und verfasst unzählige Reiseberichte für große Tageszeitungen und Reisemagazine.

Währung: *Indonesische Rupiah In den größeren Touristenzentren gibt es beim Umtausch der bekanntesten Währungen keine Schwierigkeiten, in abgelegeneren Gebieten ist es ratsam, Bargeld in kleiner Stückelung mitzuführen. US-Dollar werden empfoh-len. Kreditkarten werden in Jakarta und Touristenzentren akzeptiert. Reiseschecks sind in Banken und größeren Hotels problemlos wechselbar. Ansonsten ist der Gebrauch begrenzt. Reiseschecks in US-Dollar werden empfohlen.*

Einreise: *Deutsche Touristen benötigen kein Visum vor der Einreise und erhalten an den offiziel-len Einreisehäfen und Flughäfen (z. B. Jakarta und Denpasar/Bali) eine Einreise- und Aufenthaltserlaubnis. Der Reisepass muss zum Zeitpunkt der Einreise noch mindestens sechs Monate gültig sein. Für jeden Tag illegalen Aufenthalts in Indonesien ist eine Strafe zu zahlen. Einreisebestimmungen für deutsche Staatsangehörige können sich kurzfristig ändern, ohne dass das Auswärtige Amt hiervon vorher unterrichtet wird.*

Allgemeine Infos: *Amtssprache ist Bahasa-Indonesisch. Jede ethnische Gruppe hat ihre eige-ne Sprache. Es werden rund 200 Sprachen und Dialekte gesprochen. Englisch, Niederländisch und Arabisch sind Schulpflichtsprachen. Die ältere Generation spricht eher Niederländisch als Zweitsprache, die jüngere eher Englisch.*

Sehenswürdigkeiten: In den Schutzgebieten Bengkulu, Gedung Wani und Mount Loeser werden geführte Safaris angeboten, bei denen man Tiger, Elefanten, Tapire und Nashörner aus der Nähe beobachten kann. Der Toba-See liegt im Krater eines erloschenen Vulkans. Er ist mit 900 Meter über dem Meeresspiegel einer der höchstgelegenen Seen der Welt. In seiner Mitte befindet sich die bewohnte Insel Samosir. Lingga in der Nähe von Medan ist ein traditionelles karonesisches Dorf mit hölzernen Pfahlbauten. Bei Bukkitinggi erhebt sich die alte Festung Fort de Kock. In der Nähe liegen der Zoo, der Marktplatz, eine restaurierte historische Reisscheune und das Bundo-Kandung-Museum. Die schönsten Strände Sumatras befinden sich an der Ostküste.

Gesundheit: Eine Impfbescheinigung wird von Reisenden verlangt, die aus Infektionsgebieten kommen. Eine Impfung gegen Cholera ist empfehlenswert. Malariarisiko ganzjährig landesweit mit Ausnahme der wichtigsten Fremdenverkehrsorte auf Java und Bali sowie im Stadtgebiet von Jakarta. Die medizinische Versorgung ist außerhalb der größeren Städten ungenügend, Behandlungskosten bei Arztbesuchen oder Krankenhausaufenthalten müssen umgehend vor Ort bezahlt werden. Der Abschluss einer Reisekrankenversicherung wird empfohlen.

Nähere Informationen gibt es unter www.auswaertiges-amt.de

Barfuss unter schnel

Matto H. Barfuss lebte 17 Wochen mit einer wilden Gepardenfamilie in der Serengeti zusammen

len Katzen

Er lernte Laufen auf allen Vieren und die Lautsprache der wilden Katzen, bis er von Gepardenmutter Diana sogar als Babysitter akzeptiert wurde. Mehr als vier Monate verbrachte Matto Barfuss viele Tage und Nächte mit den schnellsten Landtieren der Erde. Erst als die Gepardenkinder täglich bis zu 35 Kilometer durch die Steppe der Serengeti streiften, konnte der sportliche Künstler und Fotograf mit seinen fünf Freunden auf vier Pfoten nicht mehr mithalten...

Vorsichtig gleite ich aus dem Land Rover. Das ist gar nicht so einfach mit dem großen Fotoobjektiv und allerlei Accessoires. Kilakittu sawa sawa (Alles in Ordnung)?, fragt mich mein Maasaifreund und Fahrer Nyangusi, der trotz seiner dunklen Hautfarbe ein bisschen blass zu sein scheint. Sawa sawa (okay), beruhige ich ihn, während ich versuche, es mir bequem zu machen. Es ist der 21. Juli. In der Serengeti hat längst die Trockenzeit Einzug gehalten. Das Gras ist störrisch und unglaublich scharfkantig. Leicht schneidet man sich die Hände auf. Nyangusi startet den Motor – ein entsetzlicher Lärm. Wenige Augenblicke später verschwindet er in Form einer ratternden Staubwolke aus meiner Realität. Es ist gerade drei Wochen her, als ich mich in eine Gepardin mit ihren fünf Jungen verliebte. Wir haben sie zufällig getroffen. Seitdem nehme ich tagtäglich den weiten Weg vom nächstgelegenen Camp im Seroneratal 50 Kilometer in die Grassteppe auf mich, um mit den Katzen zusammenzusein. Bis dato kamen wir stets frühmorgens vor Sonnenaufgang und verließen sie erst abends, nachdem sie bereits ihren Schlafplatz gefunden hatten. In den letzten Tagen habe ich immer wieder versucht, nähere Bekanntschaft mit der Gepardenfamilie zu machen. Doch sobald nur mein Fuß den Boden berührte, gebärdete sich die Gepardenmutter wie wild. Jedenfalls gab sie mir unmissverständlich zu verstehen, dass ich keinesfalls willkommen sei. Ich habe ihre Aggression respektiert und statt dessen ausführlich ihr Verhalten studiert.

Nun liege ich hier ganz allein in den Steppen rund um die Simba Kopjes. Die Simba Kopjes sind eine Ansammlung von 30 bis 40 Felsenerhebungen, die meist nicht höher als 10 bis 15 Meter sind. Vorsichtig hebe ich den Kopf. Die Geparde sind noch gut und gerne 300 Meter entfernt. Sie scheinen mich noch nicht bemerkt zu haben und halten geradewegs auf mich zu. Ich indes bringe meine Fotokamera in Anschlag und hoffe auf einige gute Aufnahmen. Noch 100 Meter Steppenboden zwischen den Geparden und mir: Die Mutter hält inne und starrt mich regungslos an. Auch die Jungen haben mich längst gesehen. Was nun passiert, übertrifft meine kühnsten Erwartungen bei weitem. Ich bin so aufgeregt, dass es mir kaum gelingt, brauchbare Fotografien zu machen. Bis ich mein inneres Gleichgewicht wieder gefunden habe, haben mich die jungen Geparde bereits umrundet. Die Katzenkinder sind gut drei Monate alt. Die angeborene Neugierde treibt sie unablässig an, ihre Umwelt zu erforschen. Ein Gepardenkopf verschwindet in der Gegenlichtblende meiner Kamera. Ich schaue etwas irritiert auf. Das eifrige Gepardenkind weicht zurück und faucht. Während ich so abgelenkt bin, betatscht eines der Geschwister meine Schuhe. Ich drehe mich um und schaue es an. Das Katzenkind faucht ebenfalls und zieht sich schleunigst zurück. Allerdings nur für wenige Augenblicke, dann kommt es wieder gurrend wie ein Täubchen (Ausdruck von Neugierde in Überlagerung mit Angst) zurück. Ich bin so mit der Meute aus fünf Gepardenkindern beschäftigt und bemerke überhaupt nicht, dass mein Begleiter Nyangusi mittlerweile mit dem Auto zurückgekommen ist. Eine Autotür ist offen. Noch ehe wir die Chance haben diese zu schließen, hat sich einer der jungen Geparde auf Entdeckungsreise ins Fahrzeuginnere begeben. Er untersucht alles genauestens, und zwar auch mit seinen scharfen Krallen. Nicht zuletzt deshalb gebe ich den Gepardenkindern auch den Suaheli-Namen Fundis, was soviel heißt wie Automechaniker.

Die Zeit vergeht wie im Flug. Gleich wird es dunkel. Schließlich ruft die Mutter, die sich währenddessen kaum genähert hat, ihre Zöglinge. Die folgen nur widerwillig. Deshalb ziehe ich mich für das Erste ins Fahrzeug zurück. So klingt binnen kürzester Zeit die Neugierde ab und die Gepardin kann ungestört einen sicheren Schlafplatz in der offenen Steppe bestimmen, von wo aus sie ihre Umgebung weit überblicken kann. Für Geparde ist es nämlich eine Lebensversicherung, Feinde – vor allem Löwen und Hyänen – frühzeitig zu erkennen. Am nächsten Morgen bin ich wie gewohnt vor Sonnenaufgang zur Stelle. Die Gepardenfamilie kennt das Ritual und fühlt sich nicht mehr gestört. Nyangusi parkt das Auto in gut 100 Meter Entfernung, ich steige hinter der Blechkarosse aus und nähere mich auf allen Vieren robbend. Die Gepardenkinder machen nahtlos da weiter, wo sie gestern abend aufgehört haben. Sie kommen mir entgegen und untersuchen mich. Stück für Stück verlieren sie ihre Scheu. Und so habe ich alle Hände voll zu tun, meine Haut gegen fünf Fundis zu verteidigen. Die Mutter indes gibt sich nach wie vor distanziert. Sie beobachtet mich aus sicherer Entfernung. Jedoch

Steckbrief

Schon als Kind entdeckte Matto H. Barfuss (31) seine Liebe zur Wildnis und den wilden Tieren. Bereits im Alter von zwölf Jahren gewann er den ersten Preis eines landesweiten Jugendkünstlerwettbewerbs und setzte sich intensiv mit dem Kunstmalen auseinander. Mit 14 Jahren präsentierte er seine erste Einzelausstellung. Weitere Kunstpreise folgten, u.a. der UNESCO-Fotopreis. Mit vielen Kunstaktionen, darunter die Alpenüberquerung 1989, setzte er sich für den Naturschutz ein. Für 17 Wochen war er Mitglied in einer wilden Gepardenfamilie in der Serengeti und lebte als menschlicher Gepard auf allen Vieren. Seit 2000 ist er Repräsentant der Imagekampagne Baden-Württemberg, die Recherchen und Filmarbeiten für den Gepardenschutz in Namibia begannen. Seine Kunstgalerie in Rheinau wurde eröffnet. Das völkerverständigende Kunst- und Kulturprojekt „Malen für Geparden" startete, bei dem sich Kultusministerien und Politiker für den Artenschutz einsetzen.

Liebe auf dem zweitem Biss:
Ein Gepardenkind knabbert Barfuss
zärtlich an der Hand.

akzeptiert sie, dass ich mit ihrem Nachwuchs zusammen bin und lässt sich durch meine Anwesenheit nicht stören. Als eine Gruppe Gazellen die wundersame Kulisse der Simba Kopjes betritt, will die Gepardin jagen. Um weder die Jagd zu vereiteln noch die Jungen abzulenken, ziehe ich mich ein wenig zurück. Die Katzenkinder nehmen davon keine Notiz. Vielmehr beobachten sie genau, wie die Mutter jagt. Zwar sind Geparde die geborenen Jäger, aber wirkliche Perfektion in ihrer Jagdtechnik erlangen sie, indem sie ihrer Mutter stets genau beim Jagen zuschauen und alles Gesehene im Spiel üben.

... die Tatze ist unglaublich weich. Ich bin tief gerührt ...

Die Mutter ist eine hervorragende Jägerin. Ich gebe ihr den Namen Diana. Die Gepardenkinder taufe ich Dione, Thea, Attila, Titan und Hans. Mittlerweile bin ich für die Gepardenkinder zum Gepard geworden, zumindest dann, wenn ich auf allen Vieren mit Ihnen in der Steppe bin. Die Gepardenmutter bringt mir bereits enormes Vertrauen entgegen. Wenn sie jagt, lässt sie mich einfach mit ihren Zöglingen zurück. Ich sitze dann ebenso aufmerksam im Gras, ganz so, als wollte ich Jagen lernen. Schließlich kommt fürs Erste ein Tag des Abschieds. Wie immer bin ich vor Sonnenaufgang im Kreise der Familie. Heute lasse ich die Kamera einfach im Koffer. Ich erwarte nichts Neues und will einfach alle Eindrücke in mich aufsaugen. Wir tollen ausgelassen auf dem staubigen Boden. Die Gepardin ist auffallend neugierig. Zum ersten Mal beginnt sie mich zu beschnüffeln. Zeitweise zieht sie sich einige Meter zurück und fasst wieder neuen Mut. Was dann passiert, ist einer der tiefsten Eindrücke, die ich von dieser Reise mit nach Hause nehmen werde. Ganz unvermittelt sind wir Nase an Nase. Ich schaue in faszinierend tief-rotbraune große Augen. Die Katze weicht nicht zurück. Ganz im Gegenteil, sie richtet sich nur leicht auf und betatscht mich. Die Tatze ist unglaublich weich. Ich bin tief gerührt. Der Abschied wird dadurch noch schwerer: Gepardenfamilie, ich liebe euch alle!!

Nur drei Wochen später bin ich wieder mit meiner Familie zusammen. Länger habe ich es in Europa nicht ausgehalten. In der riesigen Serengeti ist eine Gepardenfamilie zwar die berühmt-berüchtigte Nadel im Heuhaufen, aber wir haben die Katzen nach einem halben Tag intensiver Suche gefunden. Am Morgen darauf nehme ich mein Gepardenleben wieder auf. Als wir um 4.30 Uhr unser bescheidenes Zeltcamp verlassen, bin ich im Geiste schon in der Steppe. Werden mich die Geparde wiedererkennen? Zwei Stunden später erhalte ich eine verblüffende Antwort. Kaum bin ich auf allen Vieren, beschnüffeln und betatschen mich die Gepardenkinder. Sie akzeptieren mich, als wäre ich niemals fort gewesen. Enorme Steppenbrände haben die Lebensbedingungen der Geparde verschlechtert. Die eleganten Katzen haben keine festen Reviere, sondern folgen einfach ihren Beutetieren – den Gazellen. Da das Feuer jedoch kaum Deckung übrig gelassen hat, die eine Gepardin nutzen könnte, um sich an aufmerksame Gazellen anzupirschen, lässt die Erfolgsquote bei den Jagden zu wünschen übrig. Zwar sind Geparde die schnellsten Jäger der Welt, das allerdings nur auf eine Distanz von rund 500 Metern. Da die Gazellen ebenfalls beachtliche Geschwindigkeiten erreichen, ist es notwendig, dass die Gepardin 40 bis 50 Meter an das Beutetier herankommt. So werden die Wanderungen auf der Suche nach Gazellen länger und länger. Voraus die Gepardin, dahinter ihre Jungen und hinterher ich – zu meinem Leidwesen bin ich eben nur auf allen Vieren als Familienmitglied akzeptiert. Ich will die Familie nicht aufhalten und krabble fleißig, was das Zeug hält. Wird der Abstand trotzdem zu groß, bleibt die Gepardin rücksichtsvoll stehen und wartet. Schließlich sind auch die

Die Gepardin Diana –
eine Königin der Jagd.

Schön und bis zu
130 Stundenkilometer
schnell: der Gepard.

kleinen Geparde bei weitem noch nicht so ausdauernd wie ihre Mutter. Diana weiß zunehmend meine Anwesenheit zu schätzen und zu nutzen. Wenn ich schlafe, übernimmt sie die Bewachung, und umgekehrt. Bisweilen lässt sie mich mit ihren Jungen alleine und legt sich in einiger Entfernung ins Gras. Dann habe ich alle Hände voll zu tun, denn die Katzenkinder wollen gekuschelt werden. Als keine Aussicht auf besseres Terrain für die Jagd besteht, kommt es immer häufiger vor, dass mir die Gepardin die Jungen anvertraut, während sie alleine zu jagen versucht. Dies ist ein unglaublicher Vertrauensbeweis und zugleich ein Vorteil, der das Überleben der insgesamt nach wie vor sehr großen Gepardenfamilie sichern könnte. Jedenfalls folgen die neugierigen Gepardenkinder ihrer jagenden Mutter meist viel zu nah. Im hohen oder halbhohen Gras ist dies kein Problem. Aber in einer abgebrannten Steppe ist dies eine Garantie für jagdlichen Misserfolg. Im September erreichen wir ein weites Steppental, das man gut und gerne als Gepardenrestaurant bezeichnen könnte. Es regnet tagtäglich und die Gazellen ziehen zum Teil in großen Gruppen in die Steppe zurück. Für die Gepardenmutter besteht also überhaupt keine Notwendigkeit weiterzuwandern. Die überwiegende Zeit verbringen wir mit Spielen, wobei genau das für die Entwicklung der Geparde äußerst wichtig ist. In der Regel werden Jagdspiele gemacht. Einer ist Jäger, der andere Gazelle. Der Jäger ist stets der aktivere. Er muss den Spurt üben, das Lenken mit dem Einsatz des Schwanzes und schließlich den Kehlbiss und das Erwürgen der Beute. Da ich auf allen Vieren bei weitem nicht so beweglich wie die jungen Geparde bin, muss ich wohl oder übel regelmäßig die Rolle der Gazelle einnehmen. Auslöser für die Jagd ist, dass die Gazelle den Jäger nicht anschaut. So muss ich also ständig damit rechnen, von hinten angefallen zu werden. Dies ist im großen und ganzen kein Problem, da die Geparde im Spiel eine angeborene Beißhemmung haben. Allerdings sind die Krallen der Geparde messerscharf. Ab dem dritten Lebensmonat können sie die Krallen zudem nicht mehr einziehen. Unbeabsichtigt fügen sie mir immer wieder kleinere blutende Wunden zu. Indem ich fauche, aggressiv reagiere oder mich einfach deutlich beleidigt gebe, bringe ich ihnen nach und nach bei, dass mein Fell keinesfalls so robust wie das eines Geparden ist. Und tatsächlich wird der Umgang mit mir im

Laufe der Zeit sanfter! Je älter die Gepardenkinder werden, um so härter wird das Leben auf allen Vieren für mich. Die Wanderungen werden nun sehr weit – an manchen Tagen über zwanzig Kilometer! Auch wenn ich mit Knieschützern und Ledersätzen an den Händen ausgestattet bin, stoße ich zunehmend an meine Leistungsgrenzen. Wenigstens achtet die Gepardin darauf, dass ich den Anschluss nicht verliere. Vielleicht mag dies ein recht erstaunliches Verhalten sein. Auf der anderen Seite ist ihr wohl auch der Vorteil bewusst, mich als Familienmitglied zu haben. Die jungen Geparde haben zwischenzeitlich mehrfach ihre Jagdtechniken am lebenden Modell – sprich neugeborenen Gazellen oder auch Kaninchen – erfolgreich ausprobiert. Die Erfolge verführen sie mehr und mehr dazu, sich in die Jagd einzubringen. Zunächst vereiteln sie allerdings mögliche Jagderfolge der Mutter eher. Die Jungjäger begnügen sich nicht mehr damit, sich ruhig hinzusetzen und die Gepardin bei der Jagd zu beobachten. Sie schleichen ganz offen auf die Gazellen zu. Die sehen die Geparde viel zu früh und flüchten. Oft müssen wir sehr weit wandern, bis die Jungen endlich müde sind vom Laufen oder den vergeblichen Jagden. Erst dann kann die Gepardin wieder all ihre Erfahrung nutzen und ungestört Beute erlegen. Die neue Situation bringt einige interessante Veränderungen im Leben der Gepardenfamilie mit sich. Immer öfter kann ich in der Nacht nicht mehr in unser Zeltcamp zurückkehren. Der Hunger spornt die Katzen mehrfach selbst in der Nacht zu erheblichen Wanderungen an.

Wenige Tage vor Weihnachten beschließe ich, die Gepardenfamilie für immer zu verlassen. Die kleine Regenzeit in der Serengeti hat unweigerlich begonnen. Es ist mir nicht mehr möglich, die ausdauernd wandernden Katzen eben als Gepard auf allen Vieren zu begleiten. Außerdem habe ich alle wesentlichen Entwicklungen der Gepardenkinder mitbekommen. Es ist nur noch eine Frage der Zeit, wann die Mutter die Jungen verlässt. Sie werden gemeinsam jagen. Die jungen Geparde werden Erfolg haben, und wenn sie satt sind wird ihre Mutter unauffindbar verschwunden sein. Ich stehe im Regen. Das trübe Wetter spiegelt meine Stimmung wieder. Die Geparde sind verunsichert. Immer wieder schauen sie zurück. Ich folge nicht. Am Ende verliere ich sie aus den Augen. Was bleibt, ist ein bisschen Stolz. Die Serengeti hat vier Geparde mehr. Für eine Gepardenmutter ist es ein seltenes Glück, vier Junge in die Selbstständigkeit zu entlassen. Aber Diana hat gewusst, die Vorteile meiner Familienmitgliedschaft zu nutzen. Ich habe meine Rolle gerne gespielt. Jedenfalls war es ein unbeschreibliches und unvergessliches Erlebnis, das ich niemals missen wollte. ∎

Auf dem Sprung: Gepardenmutter Diana spähend im Baum.

Fünf Freunde:
Barfuss mit den Geparden
in der Serengeti-Steppe.

Geografie: Tansania liegt am Indischen Ozean und grenzt im Norden an Kenia und Uganda, im Westen an Burundi, Ruanda, die Demokratische Republik Kongo und im Süden an Sambia, Malawi und Mosambik. Das tansanische Festland besteht aus der 16 bis 64 Kilometer breiten Küstenebene mit üppiger tropischer Vegetation, der 213 bis 1067 Meter hoch gelegenen Masai-Savanne im Norden und dem Hochplateau im Süden, das sich bis nach Sambia und zum Nyassa-See erstreckt. Savanne und Buschland bedecken den Großteil des Landes, Halbwüsten und fruchtbare Küstenebenen machen die verbleibende Landschaft aus. Die Binnengewässer umfassen eine Fläche von über 53 000 km²; den größten Anteil haben die Seen des Rift Valleys, dem ostafrikanischen Grabenbruch. Die Inseln Sansibar und Pemba, etwa 45 Kilometer vor der Nordostküste, gehören zum Hoheitsgebiet.
Fläche: 945 087 km²; Bevölkerungszahl: etwa 33 000 000; Hauptstadt: Dodoma; der Regierungssitz befindet sich noch in Dar es Salaam, der ehemaligen Hauptstadt.

Klima: Tropisches Klima, an der Küste heiß und feucht, Regenzeit von März bis Mai. Äußerst trocken in der Hochebene; im nordwestlichen Hochland herrscht kühles und gemäßigtes Klima mit Regenzeiten von November bis Dezember und Februar bis Mai.

Buch-Tipp

Matto H. Barfuss
Bildband
„Leben mit Geparden"
150 Seiten; 20,40 Euro

Naturbuch-Verlag
ISBN-3-89440-329-2

Weitere Infos unter:
www.matto-barfuss.de

Botschaft/Touristeninfo: Botschaft der Bundesrepublik Deutschland; PO Box 9541, Dar es Salaam;
Tel.: 00255-22-211 74 09/-15; Fax: 00255-22-211 29 44.
E-Mail: german.emb.dar@raha.com
Internet: www.german-embassy-daressalaam.de
Honorarkonsulat in Sansibar.

Tanzania Tourist Board
IPS Building, 3rd Floor, Azikiwe Street, PO Box 2485, Dar es Salaam
Tel.: 00255-22-211 12 44, 213 61 05; Fax: 00255-22-211 64 20.
E-Mail: safari@ud.co.tz oder ttb@ud.co.tz
Internet: www.tanzania-web.com/home2.htm

Währung: Tansania-Schilling
Umtausch von Bargeld – vorzugsweise US-Dollars – bei jeder Zweigstelle der National Bank of Commerce und allen autorisierten Wechselstuben. Umtauschquittungen sollten bis zur Ausreise aufbewahrt werden.

Einreise: Nur mit Reisepass, der bei der Einreise noch sechs Monate gültig sein muss. Ein einmaliges Reisevisum ist ebenfalls allgemein erforderlich.

Allgemeine Infos: Zur Begrüßung und zum Abschied gibt man sich die Hand. Eine einzelne Person wird mit „Jambo" begrüßt, worauf man ein „Jambo" erwidert. Gruppen begrüßt man mit Hamjambo und grüßt mit Hatujambo zurück. Traditionell isst man mit der Hand, und Gastgeber freuen sich über ein Geschenk. Ein Aschenbecher ist normalerweise ein Zeichen,

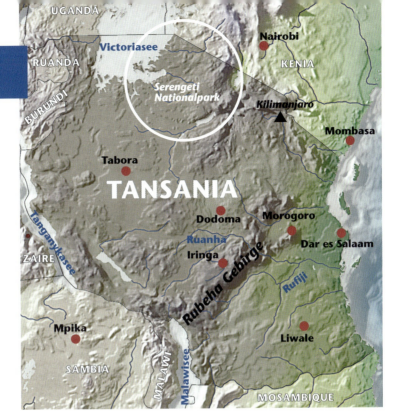

dass geraucht werden darf. Es ist strikt verboten, militärische und sicherheitsrelevante Einrichtungen (z.B. Flughäfen, Brücken etc.) zu fotografieren. Mitunter wird eine geringe Geldsumme erwartet. Grundsätzlich immer um Erlaubnis fragen, bevor man jemanden ablichtet. In Restaurants wird Trinkgeld im allgemeinen nicht erwartet.

Sehenswürdigkeiten: Die Hafenstadt und ehemalige Hauptstadt Dar es Salaam ist Ausgangspunkt für einen Aufenthalt in Tansania. Vom Flughafen sind der Kilimanjaro, Dodoma (die neue Hauptstadt) und Sansibar leicht erreichbar. Die geschäftige Metropole hat einige Sehenswürdigkeiten: Das Nationalmuseum, das Observatorium und die Universität von Dar es Salaam sowie das Dorfmuseum mit Beispielen traditioneller Architektur und traditionellen Kunstgewerbes. Der weltbekannte Serengeti-Nationalpark ist das artenreichste Tierschutzgebiet Tansanias, dort findet man u. a. Gnus, Gazellen, Zebras, Elefanten, Löwen und unzählige Vogelarten. Beste Besuchszeit: November bis Mai.

Gesundheit: 1980 wurde die medizinische Versorgung verstaatlicht. Es gibt etwa 2000 bis 3000 Krankenhäuser und Kliniken, einige Kirchenmissionen haben medizinische Versorgungsstationen. Außerdem gibt es Privatärzte, Krankenhäuser und Gesundheitszentren. Der Abschluss einer Reisekrankenversicherung wird empfohlen. Eine Impfbescheinigung gegen Gelbfieber wird von allen Reisenden verlangt, die aus Infektionsgebieten kommen und über ein Jahr alt sind. Alle Länder und Regionen der endemischen Zonen werden von der tansanischen Regierung weiterhin als Infektionsgebiete betrachtet.

Nähere Informationen gibt es unter www.auswaertiges-amt.de

Stichwortregister

Reiner Meutsch präsentiert die schönsten Instrumental-Hits
aus seiner RPR Zwei-Sendung „Mein Abenteuer" auf CD

Musik zum Träumen

Mein Abenteuer, Vol. 1

16 Instrumentaltitel, u. a.: Spiel mir das Lied vom Tod,
Sailing, Winnetou-Melodie, The Good The Bad And The Ugly...

Mein Abenteuer, Vol. 2

16 Instrumentaltitel, u. a.: Biscaya, Traumschiff,
Dornenvögel, Candle In The Wind...

Mein Abenteuer, Vol. 3

16 Instrumentaltitel, u. a.: Wind Of Change, Melissa,
If I Could Turn Back Time, Earth Song...

Mein Abenteuer, Vol. 4

16 Instrumentaltitel, u. a.: Die Glorreichen Sieben, Love's Theme,
The House Of The Rising Sun, What A Wonderful World...

Die CD's (Vol. 1 bis 4)
erhalten Sie zum Preis von jeweils nur
10,17 Euro (einschließlich Versandkosten) bei:

MB Multimedi@
Postfach 1161
65780 Hattersheim
Tel.: 06145/93 92 47
Fax: 06145/93 92 44
RPR-CD-Hotline: 01805-33 10 33
e-mail: info@mbshop.de
Internet: www.mbshop.de